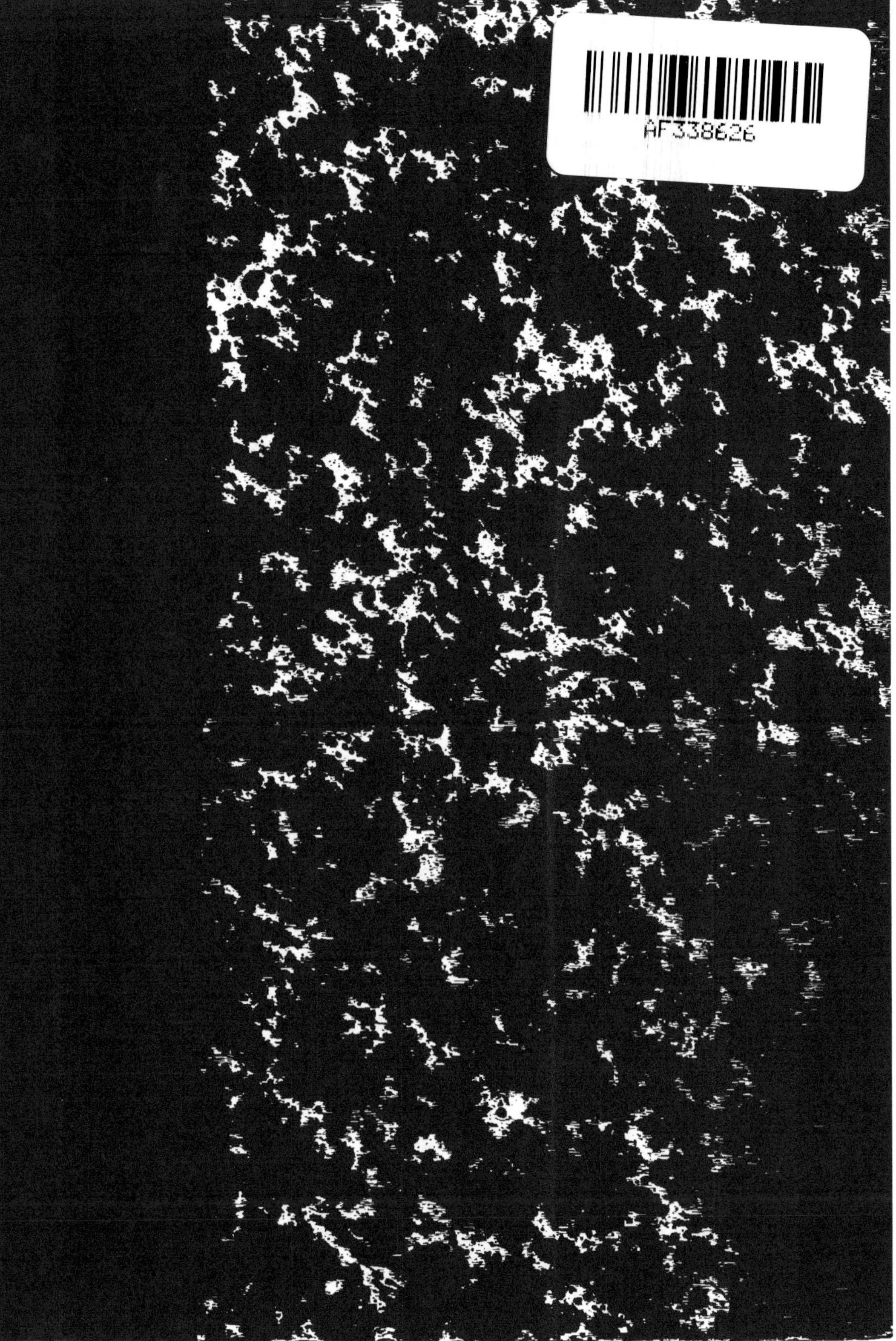
AF338626

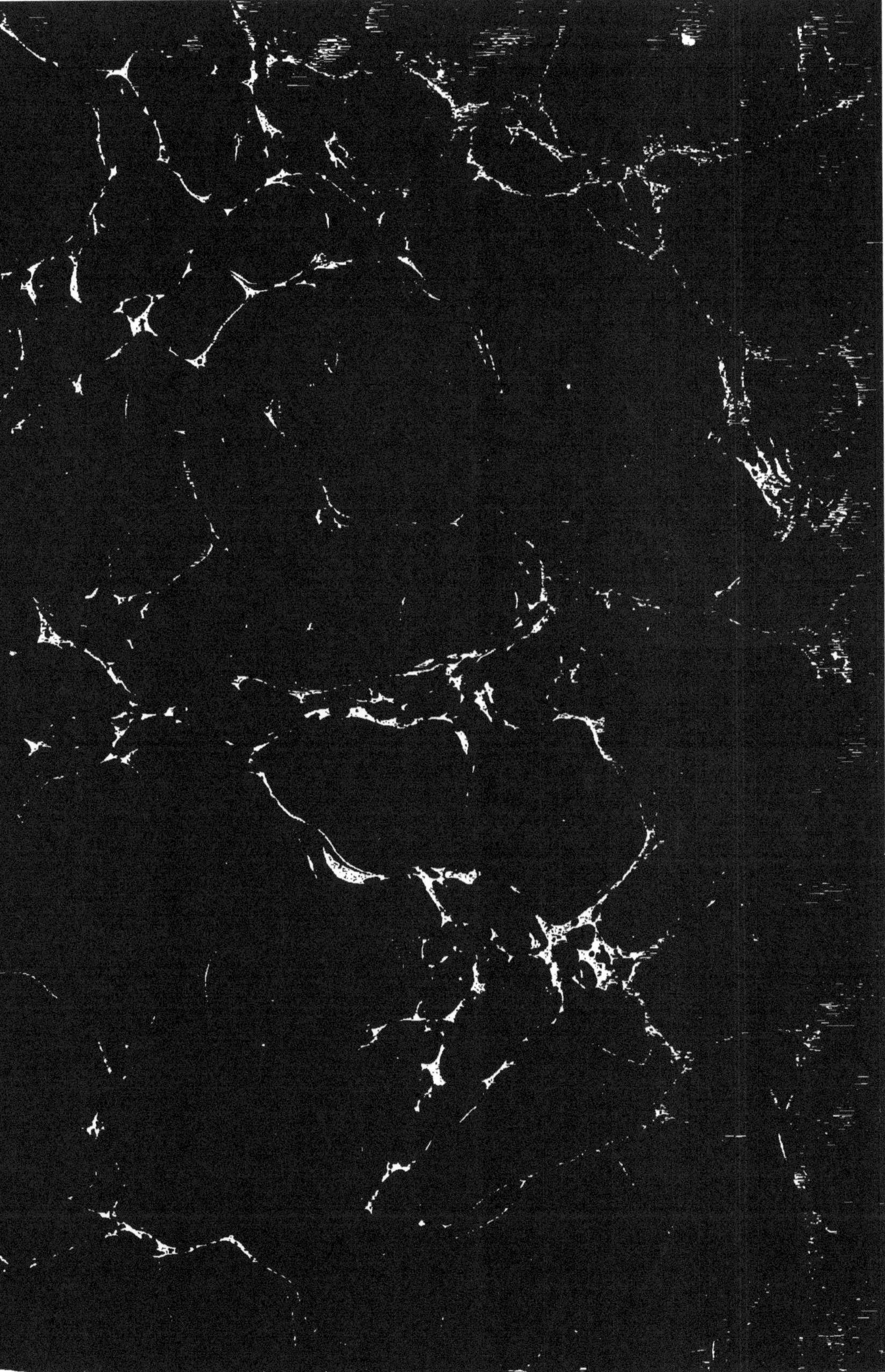

L'ÉMANCIPATION

DE

L'ÉGYPTE

TRADUIT DE L'ANGLAIS

ORIENTALE & AMÉRICAINE

GUILMOTO, Éditeur

6, Rue de Mézières, PARIS

L'ÉMANCIPATION

DE

L'ÉGYPTE

L'ÉMANCIPATION

DE

L'ÉGYPTE

TRADUIT DE L'ANGLAIS

LIBRAIRIE ORIENTALE & AMÉRICAINE

E. GUILMOTO, Éditeur

6, Rue de Mézières, PARIS

Je ne suis pas de ceux qui pensent que tout ce qui s'est fait en Égypte depuis 1882 est dû aux Anglais. Je suis le premier à reconnaître le rôle très important joué dans la renaissance du pays par des indigènes et d'autres Européens. Je ne crois pas que la continuation indéfinie du contrôle anglais sous sa forme actuelle soit essentielle à la prospérité finale de l'Égypte.

Lord Milner, « **England in Egypt** »,
6ᵉ édition, 1899, p. 167.

L'ÉMANCIPATION DE L'ÉGYPTE

PREMIÈRE PARTIE

INTRODUCTION

ATTITUDE ILLOGIQUE DES PUBLICISTES A L'ÉGARD DE L'ÉGYPTE

Lord Milner a dit avec raison que l'Égypte était le pays des contrastes. Il n'y a probablement aucune autre partie du monde où l'on trouve tant de faits contradictoires ou tant d'idées discordantes. Ces contrastes sont souvent si étonnants qu'ils confinent au grotesque. Il sied à l'observateur d'être sur ses gardes, car dans aucun pays un jugement précipité ne peut mener à des erreurs si profondes ou conduire à des conceptions si absolument erronées. Celui qui veut réellement approfondir les annales de l'Égypte pendant le siècle qui vient de s'achever et tenter sérieusement de se faire une idée claire, juste et exacte de leur signification, doit rester calme. S'il plonge dans l'océan de littérature ou essaye de s'assimiler une infime partie des innombrables livres ou brochures dans lesquels l'histoire contemporaine de l'Égypte a été défigurée ou caricaturée, il verra qu'il faut lutter ferme pour éviter d'être submergé par le flot de préventions voulues ou involontaires. Dès le début même, l'observateur loyal doit s'efforcer de se placer au point de vue convenable. Ce n'est évidemment pas facile. La plus grande partie de la littérature, qui forme ses matières premières, se compose d'articles de journalistes essayant de sonner sur leur trompette l'air français, anglais ou indigène, sans souci de la vérité ou du mensonge. De pareils livres, il y en a eu assez, trop même. Ces épanchements passionnés de parti pris font peu d'effet; ils ne font progresser les intérêts de personne et moins que tous autres ceux qu'ils prétendent défendre.

L'observateur réellement loyal doit donc effacer sur son ardoise mentale toute trace de préjugés grossiers ; il faut qu'il se débarrasse de toutes ces idées préconçues qui peuvent servir à aiguiser une phrase dans un journal de parti, qui peuvent donner prétexte à quelque violente diatribe anti-anglaise, anti-française ou anti-égyptienne, et être employées à soutenir ou à condamner quelque politique particulière, à noicir ou à blanchir la réputation d'un homme d'état. Jusqu'ici, la masse des polémiques, malgré son ton aigre, n'a donné que peu de résultats, et les quelques résultats obtenus n'ont pas été heureux. Elle a excité les passions nationales, produit une certaine agitation inutile — et les choses en sont restées là. Dans les importants et réels intérêts acquis par toutes les grandes nations européennes en Égypte, elle n'a effectué aucune espèce de changement.

C'est la tâche particulière de celui qui approfondit les affaires égyptiennes de prendre en

considération non seulement une civilisation indigène complexe, autant que celle-ci existe, mais
en même temps de chercher à comprendre ce
concours hétérogène d'étrangers de tout climat
qui s'est assemblé sur les bords du Nil. De plus,
il doit tenir compte des intérêts considérables
en Égypte de la Turquie, de la France et de
l'Angleterre, de l'Allemagne et de l'Italie, de
l'Autriche et de la Belgique et à un degré
moindre des autres nations européennes.

Si donc celui qui étudie au seul point de
vue historique, c'est-à-dire l'homme qui a le
désir de se former une idée claire et précise
des temps passés, rencontre des obstacles aussi
formidables : combien plus ardue doit être la
tâche de celui qui voudrait ne se servir de l'histoire passée de l'Égypte qu'en guise de marche-
pied, pour arriver à la conception de l'avenir de ce pays tel qu'il peut être ou tel qu'il devrait être. Lorsqu'on étudie l'histoire de l'Égypte
du dix-neuvième siècle, on rencontre des
difficultés presque insurmontables. Les autorités sont presque toujours en violente contra-

diction. Mais cela n'est rien encore. Les demi-
vérités dont ces chroniqueurs sont si prodigues
sont beaucoup plus trompeuses et beaucoup
moins faciles à réfuter. Une puissance peu commune de pénétration et une rare faculté pour
peser les témoignages et soupeser les probabilités sont nécessaires pour démêler l'écheveau
embrouillé. Les grosses omissions ne sont pas
rares ; mais quand elles sautent aux yeux, on
peut y suppléer en s'adressant à d'autres sources.
C'est quand les omissions sont habilement
faites et encore plus habilement cachées qu'elles
sont le plus dangereuses. S'il est doué du pouvoir de séparer le bon grain de l'ivraie, de dis-
tinguer entre la réalité et l'invention, et doté
d'un instinct pénétrant lui permettant de dis-
cerner ce qui est certainement vrai, l'historien
peut réussir à se forger pour lui-même une
chaîne de témoignages dignes de foi et irréfutables. C'est ainsi, et seulement ainsi, qu'il peut
poursuivre son chemin avec sécurité dans tout
essai pour prévoir l'avenir. Il peut avoir pleine
confiance dans sa chaîne, mais il lui faut aussi

avoir confiance dans son jugement infaillible de l'importance relative des divers facteurs de l'histoire de l'Égypte. Il doit être inébranlable et conserver un équilibre impeccable, ou bien il est perdu. Quand nous essayerons, comme nous le ferons dans le présent ouvrage, de prévoir, d'anticiper ou de suggérer l'avenir probable des affaires égyptiennes ou ce que devrait être, à notre avis, l'avenir de l'Égypte : nous verrons qu'il nous faut équilibrer avec une grande précision et une grande justesse notre balancier, poser nos pieds avec précaution et tenir nos yeux immuablement fixés sur les véritables nécessités — nationales aussi bien qu'internationales — de l'Égypte.

Nous ne pouvons espérer atteindre à cette sûreté de base à moins que nous n'ayons d'abord pleinement fortifié nos esprits par une saine et loyale révision des trente dernières années de l'histoire de l'Égypte. Ce qu'il nous faut, c'est une appréciation impartiale et fondamentale des influences françaises et anglaises, que nous ne pouvons obtenir qu'en élargissant notre

champ intellectuel et en le débarrassant entièrement de tout chauvinisme politique ou pseudo-
national. Nous devons envisager le grand problème sous le jour sous lequel on peut le voir
réellement avec profit, c'est-à-dire au point de
vue des intérêts internationaux et de l'histoire
internationale. Puis, comme une sorte d'entraînement préliminaire, avant de consacrer notre
attention à l'examen de ce problème difficile,
nous jetterons un rapide coup d'œil sur les dernières décades de l'histoire d'Égypte. Nous
établirons, en même temps, les fondations de
notre travail, en nous créant un état d'âme qui
nous permettra de tirer, avec un haut degré de
précision, l'horoscope de cette contrée intéressante mais bien agitée.

Il est tout naturel que nous commencions par
une rapide appréciation de l'influence française
en Égypte. Le rôle joué par ce pays dans la
politique égyptienne remonte plus loin que
celui des autres puissances européennes, et une
révision sommaire de son importance depuis
l'expédition napoléonienne de 1798 ne présente

pas de difficulté considérable. Comme Lord Milner l'a montré de façon indiscutable, dans son livre bien connu *England in Egypt*, les bénéfices matériels et intellectuels que la civilisation égyptienne a reçus des mains des Français sont immenses. Ils sont d'une façon très générale connus et reconnus. La civilisation égyptienne d'aujourd'hui est française presque jusqu'à la moelle. Toute autre chose que la plus brève et la plus succincte récapitulation de ce que la France a fait pour l'Égypte serait absolument superflue. Qui n'a entendu parler de François Champollion, au savant enthousiasme de qui nous devons le pouvoir de lire avec une facilité relative les annales hiéroglyphiques de l'ancienne Égypte? L'intérêt nouveau que cette découverte causa en Égypte ne doit pas être estimé à la légère. Les réformes introduites par Méhémet-Ali et sa dynastie furent exécutées, sinon exclusivement, au moins pour la plus grande partie, par des Français. Des ingénieurs français furent mis à la tête de tous les travaux et des fonctionnaires français placés au contrôle de presque toutes les directions administratives.

Ce que l'on reconnaît comme l'une des entreprises suprêmes de l'ingéniosité technique moderne, la construction du canal de Suez, fut de conception française, d'après des plans français et accomplie par des Français. Les plans d'irrigation auxquels l'Égypte doit la moitié de sa prospérité actuelle furent inaugurés par les Français. Toute l'idée des barrages et des digues du Nil est française ; et bien que finalement exécutés par l'entreprise anglaise, les essais qui ouvrirent la voie à des desseins plus vastes, et qui n'étaient, en eux-mêmes, rien moins que méprisables, étaient français dans leur conception initiale. Le système d'éducation est entièrement français, et dans les écoles le français s'est répandu au point que l'on peut dire, sans crainte de contradiction, qu'il est toujours la langue européenne prédominante sur cette terre aux langues innombrables. Le français est employé par les classes supérieures ; une preuve frappante et généralement peu connue que le français a pénétré l'âme même du pays, est qu'il est employé même par les fonctionnaires anglais dans leurs rapports officiels ; — voilà encore une anomalie dans ce foyer de contradictions.

La France ne s'est pas bornée à gagner des salaires égyptiens ; elle a répandu quelque chose de plus que ses capacités et ses talents sur le pays. Avec ses propres capitaux l'Égypte n'aurait jamais fait les progrès surprenants qu'elle a accomplis pendant les cinquante dernières années. Les finances européennes devaient venir à son aide et sur plus de deux milliards d'argent européen placés à intérêt en Égypte, la majeure partie est celle des capitalistes français. Nous ne pouvons ici suivre les innombrables autres canaux à travers lesquels l'influence française a imprégné le sol. Ces canaux sont sociaux, économiques et scientifiques, ces derniers glorieusement représentés par l'école française du Musée Archéologique au Caire, sous la direction du plus savant et du plus intéressant des Égyptologues français,

M. Maspero, dont l'*Histoire de l'Égypte ancienne* est l'ouvrage classique sur ce sujet, tout en étant un modèle d'érudition pratique. S'il était besoin de quelque chose pour réfuter l'idée courante mais absolument erronée que les Français ne sont pas colonisateurs par nature, le témoignage pourrait venir d'Égypte. Il serait oiseux de contester qu'un pays, qui a été si profondément travaillé par des idées d'origine française, ne possède pas de forts liens de sympathie aussi bien que d'admiration pour la France. Et où il s'agit de développer un empire, personne ne peut ignorer combien est importante pour une nation impériale la capacité de s'attacher des peuples.

Nous voyons clairement l'influence de la France, et il est tout à fait inutile pour nous d'aller au-delà. Nous n'avons pas besoin de suivre les phases diverses de la politique de la France en Égypte ou de discuter l'attitude changeante adoptée par des ministres français successifs. Il nous est à présent indifférent que la conduite de Freycinet ait été inopportune, dilatoire ou précipitée ; et il sera plus important de traiter la politique française envers l'Égypte en même temps que notre appréciation de la politique anglaise, à laquelle nous allons maintenant arriver.

S'il était possible de lire, sans être immédiatement incité à une gaîté irrésistible par la vaste bouffonnerie de ses absurdités, l'histoire de l' « agression anglaise » en Égypte, telle qu'elle a été arrangée par des écrivains que leur implacable hostilité à l'Angleterre a rendus aveugles à leur propre sottise ; si l'on pouvait pendant quelques moments oublier tous les faits bien établis, faire le vide dans nos esprits et lire ces écrivains-là de sang-froid : rares sont ceux qui n'en tireraient pas la pénible conviction que les iniquités de la race humaine sont irrémédiables. Ils découvriraient, en outre, en adoptant ce jugement, que dans le court espace d'un peu moins d'un siècle, un petit coin de terre, une île, a produit une succession de ministres dont les desseins diaboliques auraient fait rougir de honte les joues

d'un Machiavel, ou peut-être eussent excité
sa jalousie parce que ses principes qui,
jusqu'alors, avaient été tenus comme les plus
immoraux jamais formulés, avaient été dépassés
par une série de simples hommes d'état anglais.
En supposant que le lecteur n'ait pas perçu
jusque-là l'humour du récit, il serait amené
plus loin à s'étonner en remarquant que ces
mêmes hommes d'état n'avaient pas dépassé les
limites habituelles des ruses diplomatiques
dans leurs nombreuses transactions avec le
reste du monde. Toute leur diabolique malice
avait été employée pour la pauvre Égypte. A ce
point, le plus crédule des lecteurs aurait probablement commencé à voir qu'il était l'objet
d'une mystification. Et cependant il y en a
beaucoup de ceux-là à travers l'Europe, qui
acceptent encore la vieille légende égyptienne
comme paroles d'évangile, qui lisent encore
ces pages de récrimination effrénée, ne se
doutant apparemment pas qu'on les trompe,
qu'on excite leur colère pour la déchaîner et
qu'on fait couler leurs larmes, alors qu'il n'y a

de motif ni pour la colère ni pour la pitié. Nous nous efforcerons d'éviter tout ce qui pourrait sentir le reproche ou la récrimination.

Nous n'avons pas l'intention de critiquer ce qui a été fait dans le passé ; mais il est de notre devoir de montrer qu'il n'y a absolument aucune base de justification pour la déclaration que l'Angleterre a exécuté une politique machiavélique longuement méditée en ce qui concerne l'Égypte. Nous montrerons très brièvement que l'Égypte n'a jamais à aucun moment formé le principal objectif des affaires étrangères de l'Angleterre, que les mesures prises par l'Angleterre en ce qui touche l'Égypte ont été inspirées par une politique beaucoup plus large, dans laquelle l'Égypte entrait inévitablement, mais dont elle ne fut jamais la fin et le but. Les accusations d'habileté machiavélique portées contre les ministres des Affaires Étrangères anglais seront réfutées, en temps voulu, ou se réfuteront d'elles-mêmes. Nous montrerons que l'Angleterre n'a pas tiré plus de profit de la faiblesse de l'Égypte qu'aucune autre contrée européenne ne l'a fait de ses voisins plus faibles et que, quelle que fût l'intervention de l'Angleterre en Égypte, profitable ou non, — point sur lequel nous discuterons plus loin, — cette intervention est justifiable et, en réalité, a été pour l'Angleterre une question de vie ou de mort en tant qu'empire.

Le présent ouvrage n'est pas une dissertation historique. Aussi nous n'avons pas à faire plus que de rappeler au lecteur les brillantes étapes militaires et politiques par lesquelles, entre 1757 et 1764, les Anglais réussirent à se rendre maîtres en fait de tout le Nord de l'Inde Orientale. Tout ce que nous voulons montrer c'est que, dès ce moment, l'Égypte était inévitablement destinée à figurer comme un facteur important de la politique anglaise. Quoique l'ouverture du canal de Suez sonnât effectivement le glas funèbre de tout le trafic avec l'Inde par le Cap de Bonne Espérance, à quelques exceptions près, on ne doit pas oublier, néanmoins, que longtemps avant, la route du Cap n'était nullement la seule voie de communication avec l'Extrême-Orient. Lorsque la rapidité était à souhaiter, personne n'eût songé à choisir le long et incertain voyage par mer tant que l'itinéraire très raccourci, viâ Égypte, était sans obstacles. Chaque année la ligne méditerranéenne devenait de plus en plus populaire et le nombre des passagers transbordant et passant sur terre viâ le Caire jusqu'à Suez augmentait rapidement. La puissance de l'Angleterre dans l'Inde croissait avec les années, et quand, de 1780 à 1783, elle s'empara du Carnatique, il devint de la plus haute importance pour elle de s'assurer absolument de la route terrestre. Ses premières acquisitions lui avaient déjà fait sentir la nécessité de tenir le Cap entièrement dans ses mains et lui avaient fait convoiter l'île Maurice, française. La possession de cette dernière par une puissance ennemie comme une forteresse d'où une escadre pouvait sortir pour combattre la flotte britannique dans les mers indiennes, d'où des corsaires pouvaient harceler la marine marchande britannique ou même faire des descentes sur ses possessions indiennes, était chose que l'Angleterre, une fois lancée dans sa carrière impériale, ne pouvait tolérer un moment. Si elle a tendu tous ses nerfs pour s'emparer de ces deux positions essentielles, nous ne pouvons en aucune façon considérer son geste comme machiavélique. C'est une telle banalité, de nos jours, de dire que la politique internationale est gouvernée par l'intérêt seul et non par un code factice de morale internationale, que l'on n'aime guère à affirmer à nouveau ce qui paraît si évident. Il est hors de la portée de la présente discussion de décider si la fondation d'un empire est moralement soutenable ; il nous suffit que ce soit le but avoué de la plupart des nations européennes modernes. Si le but est moralement répréhensible, toutes sont marquées de la même tare et nous ne pouvons trouver plus à redire à l'une qu'à l'autre.

Nous n'avons pas à justifier l'établissement des Anglais dans l'Inde ; mais une fois cet établissement formé, l'Angleterre ne pouvait contempler avec égalité d'âme la présence d'un puissant ennemi, ou même d'un ennemi potentiel, à cheval sur la ligne de communication la plus directe avec l'Inde. En temps de guerre effective un tel ennemi pouvait frapper l'Inde avant que les renforts navals anglais fussent à mi-chemin de Plymouth au Cap. On ne devait donc guère s'attendre à ce que l'Angleterre se soumît bénévolement à l'occupation napoléonienne de l'Égypte qui présageait, à bref délai, la perte totale de toute parcelle de ses possessions indiennes. La réplique inévitable au défi de Bonaparte fut la bataille du Nil et la route directe de l'Inde fut libre.

Nous ne pouvons retrouver cette profondeur ou cette perfidie machiavélique que l'on a découverte, dès cette époque, dans la politique anglaise. La ligne de conduite que suivit l'Angleterre fut certainement celle que n'importe quelle autre nation eût suivie dans de semblables circonstances. L'Angleterre ne se servit pas de son succès pour occuper elle-même l'Égypte. Peut-être fut-elle incapable de frapper un coup si décisif ou de rassembler un courage suffisant pour le faire. Les événements ultérieurs, comme nous le verrons, en fournissent une ample explication. Pendant quarante ans l'artificieux ministère des Affaires Étrangères anglais se tint coi. Ce ne fut que lorsque la puissance de Méhémet-Ali menaça encore de renouveler l'ancienne situation de la fin du siècle précédent qu'il fut de nouveau poussé à agir. Bien que la conduite du gouvernement anglais envers le pacha victorieux ait été vivement condamnée et tenue en opprobre, il est difficile de voir ce qu'il y a à critiquer si sévèrement. Il est impossible de voir dans cette conduite autre chose qu'une simple série de mesures défensives. Il est absolument insoutenable que l'Angleterre ait eu l'intention ou même le désir de nuire à l'avenir de l'Égypte ; mais il était également hors de question que l'Angleterre permît au même état de choses dont elle avait été menacée sous Napoléon de se renouveler sous Méhémet-Aii. On ne pouvait guère s'attendre à ce que, soudain, par philanthropie problématique, elle changeât la politique qu'elle avait poursuivie pendant des années et avec laquelle elle était arrivée à s'identifier. Elle ne pouvait tolérer en Égypte une main puissante qui ne fût pas la sienne ; il importait peu que ce fût la main de l'empereur de France ou celle d'un brillant Albanais. S'il y avait quelque différence, peut-être existait-il plus de danger pour elle dans le dernier cas. Méhémet ne cachait pas sa cordiale inclination pour la France ; il baignait l'Égypte, comme nous l'avons déjà montré, dans la civilisation française et si bien, qu'il se passera longtemps, si jamais cela arrive, avant que l'Égypte ne perde son penchant pour la France. Il était peu douteux de quel côté Méhémet-Ali se rangerait si des complications européennes survenaient. Pouvait-on sérieusement supposer que l'Angleterre regarderait bénévolement grandir peu à peu l'influence de la France au point vital même de son empire ? A n'importe quel moment, quand cela lui aurait fait plaisir, la France aurait pu saisir le mince fil qui reliait les possessions britanniques. Quelle est donc la justification des violentes clameurs poussées contre Lord Palmerston? Sa diplomatie a pu être assez subtile même pour aveugler les Français, mais il ne peut s'ensuivre qu'elle soit taxée de perversité sans égale. Le jour n'était pas encore venu où le rôle du ministre des Affaires Étrangères anglais fût de jouer le jeu de la France. La conférence de Londres en 1840 ne fut ni plus ni moins que la conséquence naturelle de cinquante ans de politique orientale consistante.

Dans le mot « consistante » nous touchons au cœur même de la question. C'est la consistance de la politique étrangère anglaise qui a été méprise pour du machiavélisme. Parce que l'Angleterre a pu souvent attendre pour guetter le moment de la faiblesse de son adversaire avant de montrer son jeu, on a voulu lui attribuer une subtilité à laquelle, en réalité, elle n'a pas droit. Quand son adversaire a été frappé au défaut de la cuirasse et qu'il a été incapable de se défendre, il a immédiatement découvert dans sa propre déconfiture un nouveau signe de la diplomatie infernale de l'Angleterre. En fait, s'il avait ouvert les yeux, il lui eût été facile de savoir que le coup serait porté — aussitôt qu'il y aurait quelque chance pour que ce fût à l'avantage de l'Angleterre. Nous avons, donc, à rechercher pourquoi l'Angleterre a pu jouer ce jeu délibérément, tout en ne manifestant aucune marque d'impatience ou de précipitation. Pourquoi, s'il a été possible à l'Angleterre jusqu'ici de manœuvrer ainsi avec un succès évidemment remarquable, n'a-t-elle pas trouvé d'imitateurs sur le Continent. Sûrement les autres puissances n'auraient pas dédaigné d'arracher un feuillet au livre de leur adversaire si elles avaient pu le faire avec avantage pour elles-mêmes.

Examinons la question de plus près : nous verrons bien vite que l'Angleterre occupe une position privilégiée parmi les nations européennes. Cette position a été depuis longtemps remarquée par des hommes d'état anglais et froidement mise à profit. Disraéli lui-même, que l'on prend souvent, lorsqu'il écrit dans un

genre plus léger, à changer de ton pour développer quelque doctrine politique plus sérieuse,
insiste dans divers passages de son roman
Sybil sur l'immense puissance donnée à l'Angleterre par le démantèlement de l'Église et de
la Couronne. On pourrait juger presque frivole
de citer un roman dans une affaire aussi
sérieuse, mais quand des hommes politiques
se mêlent d'écrire des romans, le cas est un peu
différent. Pendant près de quatre siècles l'Angleterre a eu de longues périodes de paix ininterrompue à l'intérieur. Depuis le renvoi définitif
des Stuarts catholiques en 1688, on peut dire
que cette paix a été complète. A l'exception de
commotions des plus fugitives et des plus insignifiantes rien n'a troublé la surface unie de la
politique intérieure. De brèves agitations ont
surgi de temps en temps, menaçant d'entraîner
des troubles à leur suite ; mais ces agitations
ont été, chaque fois, rapidement et effectivement calmées. Depuis l'union avec l'Écosse
(1707), ce qui fut longtemps une frontière
étrangère menaçante a presque entièrement

cessé d'être regardé comme une ligne de démarcation. Jamais deux nations ne furent si profondément et si fraternellement soudées en une seule. Les émeutes avortées des Stuarts s'apaisèrent vite, ne causant qu'une alarme momentanée et laissant le calme intérieur plus profond qu'auparavant. Aucune noblesse enfermée dans sa caste n'était là pour mener à des cataclysmes sociaux. Le seul mouvement socialiste qui parut contenir des choses plus graves, le soulèvement chartiste dans la cinquième décade du siècle dernier, finit dans une insignifiante bagarre policière. Les questions ecclésiastiques, sur le Continent, sont la bête noire toujours présente de l'homme politique. Elles peuvent l'entraver et contrecarrer ses plans les mieux mûris au moment critique. Elles ont été définitivement réglées en Angleterre. L'homme d'état anglais qui s'est efforcé de mener à bien quelque politique étrangère de longue portée (politique dont l'exécution demandait le travail patient et persistant des années) a pu se mettre à l'œuvre avec une pleine confiance dans son pouvoir de l'achever. Il a été libre de donner sans partage toute son énergie à la tâche. Le chemin lui a été relativement facile. Il n'a pas eu à tenir compte de malencontreux troubles et conjonctures intérieurs qui pouvaient faire tomber sur lui toute l'œuvre de sa politique sans aucun défaut inhérent à sa construction. C'est en grande partie à cette absence de tout élément perturbateur fortuit, qu'aucune haute prévoyance politique ne pourrait compenser, que nous pouvons attribuer le succès général de la politique anglaise. Cette politique n'a jamais été sacrifiée à des fautes qui n'étaient pas son fait. On l'a examinée et approuvée, ou trouvée faible, selon le cas, d'après ses propres mérites.

Si nous établissons une comparaison entre la politique étrangère anglaise et celle des nations continentales pendant les deux derniers siècles, nous aurons probablement peu de difficulté à reconnaître comme un axiome, qu'une paix ininterrompue à l'intérieur est la condition essentielle du succès final à l'étranger. Il

n'y a aucune puissance sur le continent européen, qui puisse regarder avec complaisance
ses frontières et dire qu'elles ne seront vraisemblablement pas assaillies pendant un certain
nombre d'années. A moins d'être constamment
sur ses gardes, toute puissance est dangereuse-
ment vulnérable. Par suite, ce fait diminue
énormément la quantité de forces à sa disposition pour frapper au loin ; presque toutes ses
ressources doivent être tenues prêtes à parer un
coup au pays. Ni l'Allemagne, ni la France, ne
peuvent se risquer à expédier deux cent mille
hommes, ou même un nombre beaucoup moindre, par delà les mers, sans détruire dangereu-
sement leur équilibre intérieur. L'absence d'une
pareille armée à l'étranger, entraîne immédiatement une diplomatie docile au dedans. La
France a, une ou deux fois, tenté l'expérience.
On peut douter que les résultats permettent à
un homme d'état français de se sentir autorisé
à l'essayer encore. La campagne de Napoléon
en Égypte s'est vite montrée incompatible avec
la force et la stabilité en Europe, aussi Bona-

parte se vit-il bientôt forcé d'abandonner ses entreprises hors de l'Europe. On peut déclarer, sans exagération, que l'expédition française au Mexique a été payée au prix de Metz et de Sedan. Si la France, en 1866, avait pu agir d'une manière décisive sur le Continent, qui sait comment tout le cours de la politique européenne aurait été changé et la guerre de 1870 évitée ? En réalité, la France se trouvait dans une position affaiblie au moment important, paralysée sur la frontière de l'Est, par son activité dans l'hémisphère occidental.

Nous nous sommes étendus sur les difficultés extérieures qui empêchent la France de suivre avec toute son âme un plan de politique étrangère lointaine. Plus fatales encore sont les dïvisions intestines. La France n'a jamais réussi à désarmer l'Église catholique comme les Tudors le firent en Angleterre ; car il serait téméraire de risquer une prédiction sur ce qu'il adviendra finalement du mouvement actuel. Aucun pays n'a été plus contrecarré, plus miné par l'Eglise que la France. Nous ne pouvons

ici entrer dans des détails qui, quelque intéressants qu'ils puissent être, n'ont pas un rapport
immédiat avec notre sujet. Mais, remarquons-
le, toutes les autres puissances européennes
sont affligées à l'intérieur d'entraves et d'obstacles analogues. L'Allemagne est rongée au
cœur par le cancer envahissant du socialisme ;
l'Autriche, par la terreur d'une rupture. Leurs
hommes d'état sont forcés de compenser la faiblesse de la position de leurs contrées respec-
tives, c'est-à-dire leur incapacité de s'embarquer dans une politique à longue portée que de
longues années seules peuvent mener à bonne
fin, en profitant adroitement des occasions qui
s'offrent à eux. L'Angleterre, ainsi que nous
l'avons montré, ne souffre pas des mêmes infir-
mités, mais on la juge comme si sa situation
était identique. Aussi quand la politique anglaise
est couronnée de succès, on accuse l'Angleterre
de machination machiavélique. Rien n'est plus
contraire à la vérité. Tout ce que l'Angleterre
a fait, c'est d'attendre. Elle a épousé un plan
très simple, sans détours ; et comme la plupart

des plans, certainement en politique internationale, entraînent à profiter de la faiblesse de
quelqu'un, l'Angleterre a tiré profit des moments
opportuns. Quand elle a rencontré un obstacle
dans une autre puissance européenne, elle n'a
eu qu'à attendre son moment jusqu'à ce que
cette puissance, comme cela devait arriver tôt
ou tard, se sentît, pour des raisons intérieures,
obligée de céder. Et l'Angleterre a pu reprendre
sa marche interrompue.

L'erreur commise par la plupart des critiques
de l'Angleterre, est qu'ils se sont complètement
mépris sur son but. Ils ont laissé leur esprit
s'imprégner de cette idée, que l'Angleterre a
depuis longtemps médité l'annexion finale de
l'Égypte. Mais sûrement, pour employer un
proverbe anglais très humble, mais juste : c'est
lorsqu'on mange le pudding qu'on a la preuve
de son existence. Nous pouvons aisément admettre qu'après la victoire de la baie d'Aboukir
(1798), l'Angleterre n'était pas en situation de
s'emparer de l'Égypte comme récompense de
la victoire. Que ce fût le cas ou non, il n'im-

porte. Nous pouvons même aller jusqu'à admettre qu'elle n'était pas assez forte en 1840, ce qui est probable. Ceci nous est également indifférent. Mais ce que nous ne pouvons admettre, c'est que, si ses desseins étaient ceux d'un conquérant, elle ait négligé la précieuse occasion offerte par les événements de 1870. On ne saurait légitimement prétendre qu'elle ne pouvait s'emparer de la proie convoitée, si elle en avait eu l'intention. Qui donc aurait pu, là, prétendre même offrir la plus légère résistance ? On peut, en vérité, dire qu'il était très douteux de quel côté le succès de la guerre franco-allemande se trouverait ; que l'Angleterre craignait que la France ne l'emportât et vînt après demander des comptes à l'Angleterre. Rien ne pourrait être plus absurde. Le 19 juillet, vint la déclaration de guerre ; et le 2 septembre, avec la chute de Sedan, il n'y avait plus d'espoir ou de crainte du succès français. Cependant, l'Angleterre ne fit pas le plus léger mouvement pour occuper l'Égypte. Est-il nécessaire d'en rechercher la raison ? Si nous devons supposer

que l'objectif de soixante-dix ans de politique
anglaise fut l'occupation de l'Égypte, alors il
faut expliquer pourquoi l'Angleterre ne s'empara
pas de l'Égypte quand il n'y avait plus aucune
puissance pour lui barrer la route. N'est-il pas
infiniment plus facile de supposer que certains
peuples ont mal compris ou mal interprété cette
politique, que d'imaginer que l'Angleterre elle-
même, sans raison apparente, l'a annulée et
abandonnée ? Cette dernière hypothèse est évidemment fantaisiste, et avec son rejet, toute
la théorie de duplicité satanique s'écroule simplement.

Quand elle est envisagée sous le même jour,
l'histoire de l'opposition anglaise au projet de
Lesseps ressort très différemment. On ne peut
nier que le gouvernement anglais désap-
prouva fortement le projet du canal et fit de
son mieux pour encombrer la voie d'obstacles.
Ce sont les motifs qui inspirèrent cette violente
opposition, qui nous occupent à présent. Y a-t-il
quelque raison pour que le gouvernement
anglais fût réellement confiant dans le succès

final du plan? L'art de l'ingénieur dans ces derniers temps a marché à pas de géant; et nous sommes disposés à traiter vraiment de jeu d'enfant, l'exécution de travaux qui auraient frappé la dernière génération comme étant une tentative vraiment folle. Il faut nous rappeler que des physiciens de la science éminente d'Arago rejetèrent l'idée même que les tunnels de chemins de fer étaient faisables. La construction d'un canal à travers l'isthme de Suez, présentait des difficultés devant lesquelles de Lesseps lui-même ne pouvait se permettre de fermer les yeux. Il y avait des problèmes physiques à résoudre, auxquels, à l'avance, on ne pouvait faire de réponse certaine. Les ingénieurs anglais consultés par Palmerston n'étaient rien moins que rassurants, et nous n'avons pas de raison de supposer que leur opinion était intentionnellement pessimiste.

Ceci mis à part, les motifs politiques pour entraver le plan de Lesseps étaient les mêmes que nous avons montrés inspirant d'un bout à l'autre la politique orientale anglaise. Ils n'étaient pas moins pressants à ce moment. Napoléon III était à l'apogée de sa puissance. D'habiles prophètes d'événements politiques avaient tiré son horoscope sous les couleurs les plus riantes. Aucun d'eux n'avait la moindre idée de la grande convulsion franco-allemande qui devait bientôt vicier tous leurs calculs, et s'ils avaient eu cette idée, selon toute probabilité, tant ils avaient confiance dans l'invincibilité de la France, ils auraient été peu disposés à des prévisions sinistres.

Par une série de mouvements politiques (les uns coûtant du sang, d'autres beaucoup d'efforts diplomatiques), l'Angleterre avait réussi jusque-là à écarter tous ses dangereux rivaux pour les empêcher de s'établir sur l'isthme de Suez. Allait-elle maintenant, après s'être débarrassée de Napoléon Ier et avoir disposé de Méhémet-Ali, permettre à un autre puissant monarque de prendre leur place ? Soixante-dix ans de labeur, d'efforts incessants, auraient été complètement gaspillés.

Il faut, pour conclure, toucher légèrement à

la dernière question, les événements de 1882. L'Angleterre a été follement accusée d'avoir, dans son propre intérêt et pour arriver à ses fins, fomenté la révolte d'Arabi Pacha. Il est difficile de comprendre sur quelle preuve s'appuie cette accusation. Naturellement, pendant de nombreuses générations et peut-être toujours, il sera impossible de soulever le voile diplomatique qui enveloppe les événements des trente dernières années. Les chancelleries ne sont pas disposées à ouvrir leurs archives pour le plaisir du grand public. Même dans la vie privée et certainement dans la vie commerciale il y a de petites choses qui ne supporteraient pas les regards du public. Nous pouvons approcher de l'idéal moral de conduite, mais nous pouvons rarement l'atteindre. Si les valises diplomatiques étaient ouvertes demain, la moitié de l'Europe serait en feu avant le soir. Nous ne pouvons, donc, espérer que, même s'il se croyait appelé à justifier ses actes aux yeux de ses calomniateurs, le gouvernement anglais dévoile tous ses documents secrets. Un tel procédé n'aboutirait qu'à peu de profit; et il ne réussirait certainement pas à réduire au silence les critiques hostiles.

A première vue, l'idée de l'Angleterre fomentant l'affaire d'Arabi est peu probable; et il appartient aux accusateurs d'apporter des témoignages plus probants que ceux qui ont été produits avant que la question puisse être examinée sous un jour sérieux. Il faut se rappeler que l'action de Seymour devant Alexandrie prit place sur l'invitation directe et avec le consentement explicite de la France; et que jusqu'à cette date l'Angleterre n'agit jamais sans le concours de la France.

Dans la revue rapide essayée ci-dessus, nous avons cherché à démontrer l'absurdité cachée sous la théorie que l'occupation de l'Égypte par la Grande-Bretagne était le résultat d'un plan habilement ourdi et prémédité. Nous avons montré que c'était alors apparemment le seul moyen de résoudre un problème qui avait été depuis longtemps une menace permanente pour la paix de l'Europe et qui ne pouvait trouver de solution définitive compatible avec l'intérêt vital de l'Angleterre. Personne ne songea un instant que le problème avait été ainsi définitivement réglé. Bien qu'aucune période fixe et définie n'eût été assignée pour la durée de l'occupation, on reconnut clairement que cette question devait tôt ou tard renaître.

Il s'agit maintenant pour nous d'indiquer dans quel esprit l'Angleterre exécuta la tâche qu'elle avait entreprise. Il en ressortira nettement que l'Angleterre n'a pas interprété son rôle d'une manière égoïste, et que la période d'occupation anglaise a été marquée par une prospérité matérielle toujours grandissante. Lorsque l'Angleterre mit le pied en Égypte, elle trouva les finances dans un état de confusion absolue. Il semblait que jamais il ne serait possible de remettre de l'ordre dans un tel chaos. Aujourd'hui les finances de l'Égypte sont dans d'aussi bonnes conditions que celles de n'importe quel État européen. Cette transformation n'a été obtenue qu'après des années d'un travail incessant et désintéressé. Une stricte économie, mais sans ladrerie, a été observée. Les sous n'ont pas été épargnés aux dépens de l'or. Dans les affaires de ce genre les chiffres sont les meilleurs témoins, et nous citons d'après la dernière édition du *Statesman's Year Book* les étapes par lesquelles la réorganisation financière de l'Égypte a été réalisée.

La dette étrangère de l'Égypte commença en 1862, lorsque des emprunts montant à 4.292.800 livres furent souscrits pour éteindre la dette flottante. D'autres emprunts suivirent rapidement, et en 1870 les emprunts étrangers étaient montés à 38.307.000 livres. On y ajouta, en 1873, un emprunt de 32.000.000 de livres. En 1875 le khédive annonça qu'il était dans l'embarras, et en 1876, agissant sur les conseils français, il rendit des décrets consolidant la dette en une seule de 91.000.000 de livres. En 1876, il y eut des retards sur plusieurs emprunts. Des représentants des porteurs de titres anglais et français firent, en 1877, des arrangements pour la consolidation des dettes en une dette de préférence de 17.000.000 de livres à 5 pour 100, et une dette unifiée de 59.000.000 de livres à 7 pour 100. Les emprunts Daïra furent consolidés en la dette Daïra-Sanieh de 8.815.430 livres à 5 pour 100. En 1878, on émit des obligations hypothécaires des domaines du montant de 8.500.000 livres à 5 pour 100 garanties par les propriétés du khédive et administrées par des commissaires. Le contrôle simultané de l'Angleterre et de la France commença en 1879. En janvier 1880, deux contrôleurs généraux rapportèrent que l'Égypte ne pouvait réellement pas faire face à tous ses engagements et en juillet la loi de liquidation fut promulguée conformément à la recommandation d'une Commission internationale des grandes puissances. Par cette loi la dette unifiée était réduite à 4 pour 100 d'intérêt; on fit d'autres conversions et la dette unifiée s'augmenta ainsi jusqu'à 60.958.240 livres. Certains engagements non consolidés s'ajoutèrent à la dette de préférence qui s'éleva ainsi à 22.743.800 livres; et la dette Daïra-Sanieh s'augmenta jusqu'à 9.512.880 livres, l'intérêt étant réduit à 4 pour 100. On émit, en 1885, un emprunt de 9.424.000 livres à 3 pour 100, garanti par les grandes puissances. En 1888, un emprunt de 2.330.800 livres à 4 1/2 pour 100 fut contracté pour le changement des pensions. En 1890, la dette de préférence et l'emprunt de 1888 (qui vient d'être mentionné) furent convertis en un emprunt de préférence à 3 1/2 pour 100 de 29.000.000 livres dont 1.300.000 livres égypt. pour l'irrigation et les pensions. On émit aussi 7.299.360 livres d'obligations Daïra-Sanieh à 4 pour 100 pour la conversion des obligations préalablement existantes ; et en 1893 les obligations des domaines de l'État pour 3.500.000 livres à 4 1/4 pour 100 prirent la place des obligations 5 pour 100 de la même dette. La situation et le débit des différentes dettes en janvier 1904 étaient comme suit :

Dette.		£.	Charge.
Emprunt garanti	3 0/0	8.077.900	307.125 livres (1).
Dette privilégiée	3,5 0/0	31.127.780	1.062.556
Dette unifiée	4 0/0	55.971.960	2.182.906
Emprunt Daïra Sanieh	4 0/0	4.952.860	198.114
Emprunt des Domaines	4,5 0/0	2.056.420	107.962
Total. . .		102.186.920 livres.	3.858.663 livres E.

Les charges aux comptes des dettes de toute espèce (y compris le tribut) portées sur les prévisions pour 1905 s'élèvent à 4.593.602 livres. En 1887, on établit des fonds de réserve dont les balances non engagées au commencement de 1904, se trouvaient comme suit :

Économies par suite de conversions.	5.507.055 livres.
Fonds de réserve générale	966.781 —
Fonds de réserve spéciale.	1.577.381 —
Réserves totales. . . .	8.051.217 livres.

Nous ne pouvons ici entrer dans les détails des améliorations financières. Elles sont, en fait, si universellement reconnues que toute description étendue en serait superflue.

L'entreprise anglaise a continué, avec un brillant succès, les travaux d'irrigation dus à l'initiative de la France, et récemment on a mis la dernière main au progrès de l'agriculture égyptienne par la construction des gigantesques barrages d'Assiut et d'Assuan. Les journaux ont familiarisé le public avec ces magnifiques chefs-d'œuvre du génie moderne, qui promet-

(1) Y compris les fonds d'amortissement.

tent de révolutionner l'avenir de l'Égypte et de
ne plus laisser sa prospérité à la merci des ca-
prices du Nil. En dépit de l'énorme déboursé
exigé par cette œuvre, elle est basée sur un si
excellent calcul des résultats que déjà on a re-
couvré une partie considérable du capital, et la
nouvelle digue n'ajoutera certainement pas au
fardeau permanent de la dette égyptienne.

Il ne pouvait y avoir de monument plus durable à la bienveillance de l'Angleterre pour
l'Égypte que cette imposante entreprise, rendue
possible par l'habileté des ingénieurs anglais,
là où d'autre habileté avait été vainement dé-
pensée, et exécutée par l'organisation anglaise
et des entrepreneurs anglais.

DEUXIÈME PARTIE

LES GRANDES PUISSANCES
CONSIDÉRÉES SÉPARÉMENT

CHAPITRE PREMIER

LA QUESTION D'ÉGYPTE

Nous avons jusqu'ici discuté les événements qui amenèrent l'occupation anglaise en 1882. Nous avons insisté sur les nécessités de cette occupation et, ce faisant, nous l'avons justifiée autant qu'il était convenable de le faire. Le point que nous avons traité ensuite a été la nature de l'occupation anglaise, et nous avons montré qu'elle a été jusqu'à présent grandement utile à l'Égypte, en dépit de tout ce qu'on a avancé pour prouver le contraire. [Mais pour nous assurer une base permettant de discuter avec profit les conjonctures politiques du présent et les possibilités politiques de l'avenir, il faut étendre considérablement notre sphère d'investigation. On ne peut se limiter à la discussion de l'influence anglaise, car pour dominante que soit cette influence, la question d'Égypte est néanmoins faite d'une trame embrouillée de facteurs internationaux.

L'Égypte est, nous empruntons simplement l'expression à quelqu'un qui connaissait bien l'Égypte, le pays international. Comme centre de la portion orientale du globe, elle a été le lieu de rendez-vous des races, et de temps immémorial, le butin que des conquérants se sont disputé. Si, cependant, l'Égypte est internationale par sa position géographique, elle est devenue de nos jours doublement internationale par la masse de capitaux étrangers qui ont été engagés pour assurer sa prospérité. Presque toutes les nations en Europe ont placé de grandes économies en Égypte, et par conséquent, elles ont presque toutes le plus vif intérêt individuel à voir l'Égypte s'enrichir et prospérer.

Si donc nous devons jeter un coup d'œil dans les voies que l'Égypte devrait suivre, il ne nous est pas permis de négliger ces intérêts variés. Il faut aller plus profondément et nous efforcer de découvrir plus précisément ce que sont ces intérêts et leur importance relative. Nous serons alors à même de désigner un arrangement qui protégerait et soutiendrait le mieux ces intérêts divers, arrangement qui, en même temps, assurerait le bonheur de l'Égypte.

Les problèmes qui agitent les contrées européennes sont en général assez compliqués, bien qu'ils impliquent rarement la discussion de plus d'un, deux ou trois intérêts opposés, au plus. Dans l'Égypte, constituée comme elle l'est par des capitaux provenant dans des proportions variées de la plupart des pays d'Europe, abritant dans son sein des colonies étrangères puissantes et étendues, et tiraillée par le conflit de ses nombreuses juridictions, le problème est rendu infiniment plus difficile. Il pourrait, en vérité, paraître presque insoluble. Nous ne pouvons cependant renoncer à la tâche de relever chaque fil de la trame ; et en analysant chaque facteur à son tour nous espérons arriver finalement à une synthèse. Nous avons commencé par une réflexion sur l'activité anglaise en Égypte dans le passé. Il faudra maintenant intervertir le procédé et après avoir mesuré les intérêts moindres des autres puissances européennes en Égypte, nous nous efforcerons, à la fin, de nous former une idée précise de ce qu'on doit nécessairement considérer comme les deux facteurs les plus importants, l'Anglais et l'indigène.

Le premier fil que nous devons essayer de démêler est celui de l'influence turque. Comme influence étrangère sur l'Égypte, elle prend rang immédiatement après celle de l'Angleterre. Si nous jetons un coup d'œil sur les statistiques commerciales de l'Égypte, nous sommes d'abord stupéfaits de voir les longues lignes de chiffres suivant constamment le nom de la Turquie. Nous ne pouvons ici rien dire des intéressants détails de ce commerce ; nous n'avons affaire qu'à son ensemble. Les importations annuelles de la Turquie en Égypte ne sont pas très au-dessous de la moitié des importations annuelles du Royaume-Uni. En 1903, les relevés commerciaux montrent les importations de la Grande-Bretagne un peu au-dessous de six millions et les importations de la Turquie un peu au-dessous de 2.400.000 livres. L'Égypte n'achète des marchandises à aucune autre contrée pour une valeur de plus d'un million et demi. D'autre part, le commerce d'exportation avec la Turquie est relativement faible. Ce grand commerce est sans doute très important, néanmoins il ne faut pas en exagérer la portée. Le Turc lui-même n'est pas né commerçant et il ne suit pas volontiers la voie commerciale dans la vie. Un examen plus attentif découvrirait que la plus grande partie de cet immense commerce n'est Turc que de nom. L'ensemble des transactions est dans les mains des sujets étrangers de l'empire ottoman. Le gros du commerce arrive et part des villes de la côte de l'Asie Mineure, qui en majeure partie sont habitées par des Grecs, des Italiens, ou des Juifs Levantins. Le Turc ne joue lui-même qu'un rôle inférieur. Les considérations commerciales ne doivent donc pas nous retenir et en les mettant de côté, nous serons libres de prêter toute notre attention à l'aspect politique de la question qui est de beaucoup le plus important. Nous ne devons pas, cependant, fermer complètement les yeux à l'aspect social. Pour les habitants de l'Occident le Turc reste réellement inconnu. Des livres paraissent parfois, promettant de donner un sincère aperçu des secrets de la vie turque et visant à faire apprécier à l'Européen l'idéal qui inspire le Turc. Pourtant, jusqu'ici, ces efforts n'ont été suivis que d'un médiocre succès. Peu d'Européens ont réellement vécu dans des termes d'étroite intimité avec le Turc, et les livres des écrivains turcs eux-mêmes manquent de la connaissance de la vie et de l'entourage de l'Européen qui donnerait de la valeur à leurs descriptions et à leurs comparaisons. Dans leurs peintures de la vie turque ils ne réussissent pas à nous donner ce qui est véritablement caractéristique, et en général se bornent à esquisser les traits extérieurs bizarres mais peu instructifs. Le courant de préjugé anti-turc est encore très fort dans tout l'Occident. La généralité des Européens est incapable de saisir le gouffre immense qui sépare le Turc comme être politique du Turc être social. Les rares personnes qui ont été en contact réel avec le Turc dans la vie privée, et témoins de sa courtoisie impeccable et de son tact infaillible, et qui ont véritablement trouvé que le Turc est le gentilhomme de l'Orient, n'ont pas réussi à arrêter d'une façon perceptible le courant d'antipathie et de suspicion que montre tout l'Occident. En Égypte, le Turc reste un facteur social excessivement important. Il a une multitude d'amis ; il faut bien l'admettre, une multitude beaucoup plus grande depuis qu'il a perdu sa puissance. On ne doit aussi jamais oublier que l'Égypte mahométane est attachée par de puissants liens religieux au sultan comme kalife, comme défenseur des fidèles, et que le sultan a encore la nomination de l'importante charge de grand cadi. Il faut se rappeler surtout que le khédive est non seulement nommé et investi de la dignité de gouverneur de l'Égypte par le sultan, mais que la constitution de ce pays est dans la pratique définie par lui.

Les relations actuelles entre la Turquie et l'Égypte ne contiennent pas en elles-mêmes des germes de longue durée. Il semble presque incroyable qu'une situation aussi anormale (on pourrait dire sans grande exagération aussi absurde) se soit maintenue si longtemps. Il n'est pas possible qu'elle persiste beaucoup plus. Nous n'avons pas de parallèle exact de la suzeraineté de la Turquie sur l'Égypte et nous ne voyons pas pourquoi, à moins d'être maintenue dans l'obéissance par les puissances, l'Égypte continuerait à épuiser ses ressources pour le bénéfice de la Turquie, qui ne donne rien en retour. Il est aussi peu probable qu'il soit longtemps de l'intérêt des puissances de forcer l'Égypte à l'obéissance. Nous devrons jeter un rapide coup d'œil sur toute la question d'Orient si proche et nous verrons qu'à la longue, les puissances désireront vraisemblablement plutôt diminuer qu'augmenter les ressources de la Sublime Porte.

En admettant donc que les relations anormales et indéfinies actuelles doivent inévitablement et automatiquement se terminer, dans quelle direction peuvent-elles être changées? Il n'y a, autant qu'il soit possible de le voir, que deux alternatives : ou l'Égypte doit retourner à une sujétion complète et reprendre la situation qu'elle occupait avant 1811, c'est-à-dire redevenir une province ottomane ; ou bien toute la dépendance apparente actuelle doit disparaître et l'Egypte doit être complètement dégagée de tous droits turcs. La première alternative n'appelle guère la discussion. Il est évident qu'on ne pourrait amener l'Égypte à reprendre le joug turc que par la force des armes. Il n'est pas possible que la Turquie revendique ses droits. L'Égypte est géographiquement isolée et hors de la portée des armes turques. Pendant les trente dernières années, la Turquie n'a pas montré la moindre intention de faire

un mouvement hostile ; le gouvernement ottoman doit être vivement sensible au fait que la
situation de l'Égypte la met à l'abri de ses
attaques. La Turquie sans flotte ne peut domi-
ner la mer Méditerranée ou la mer Rouge et ce
n'est que par eau que l'Égypte est accessible.
Derrière, l'Égypte est protégée par le solide
rempart du Soudan anglais.

Il ne reste plus qu'une seule question. Est-il
de l'intérêt politique de l'Europe de maintenir
le fantôme actuel de la suzeraineté turque? La
réponse à cette question nécessite un bref
examen de toute la situation actuelle des
affaires d'Orient.

Nous rappelons encore au lecteur que le seul
véritable guide dans les affaires internationales
réside dans la connaissance exacte des intérêts
respectifs des différentes parties en cause.
L'attitude actuelle de l'ensemble des puissances européennes envers la Turquie sera jugée
regrettable ou non, suivant les sentiments particuliers et les inclinations de chaque lecteur,
mais cette attitude, en tout cas, n'est pas

ambiguë. On ne peut se méprendre sur la direction des affaires et il n'est pas besoin d'un œil perçant pour voir à travers les secrets découverts des chancelleries d'Europe. L'hôte d'Yildiz-Kiosque a été longtemps connu comme l'homme malade de l'Europe. Pendant quelque temps les puissances sans doute jouèrent le rôle de médecins dévoués. Elles ont de longue date désespéré de la guérison de leur malade et il y en a probablement peu qui se soucieraient de le voir reprendre ses forces. Nous n'avons rien à dire de la justice ou de l'injustice de l'affaire, mais il est trop évident que toute l'Europe a décidé que tôt ou tard le Turc doit mourir. Par d'habiles amputations ses membres européens ont été élagués un à un. Leurs noms sont la Serbie, la Roumanie, la Bulgarie ; et les puissances paraissent aiguiser encore leurs instruments pour une autre opération. L'amputation de la Macédoine ne sera pas longtemps différée.

La question européenne est relativement simple ; mais si le Turc est éventuellement chassé d'Europe, il reste encore ses vastes domaines asiatiques. Les opérations européennes n'ont rapporté que peu d'avantages matériels aux chirurgiens, et ils songent sans doute à se dédommager en Asie. Il semble y avoir une réelle perspective de désaccord entre elles. Chaque puissance serait certainement enchantée de s'assurer toutes les dépouilles de la Turquie, mais voyant que c'est impossible, elles ne savent vraiment pas comment procéder au partage. Chacune est trop cupide pour accepter la part qui lui convient, et en prolongeant l'agonie chacune espère mieux obtenir son propre avantage. Elles se coaliseraient toutes volontiers pour exclure l'une d'entre elles ; et toutes savent que si l'Égypte pouvait être mise de côté, le partage serait considérablement simplifié. La conquête de l'Asie Mineure est l'affaire de grandes armées ; la conquête de l'Égypte exigerait certainement une flotte. Il s'ensuit que la puissance qui serait le plus aisément privée d'une part dans cette procédure serait l'Angleterre, laquelle se trouverait aussi exclue

par la division préalable de l'Égypte. Les
Français ont les yeux sur la Syrie où leur
influence est d'un bout à l'autre prédominante
et est fortement entretenue par leur droit de
protection des Catholiques dans ce pays.

Le pouvoir de relever la France de ce droit
a depuis longtemps été reconnu comme l'atout
du pape dans la lutte actuelle entre le Vatican
et la France. L'Allemagne a déjà acquis une
influence considérable dans la vallée de l'Euphrate par le projet du chemin de fer de Bag-
dad. La Russie prétend déjà avoir absorbé la
meilleure moitié de la Perse et est prête à se
tailler un morceau à l'est. L'Arabie reste
comme un os à se disputer, un pays dont l'intérieur est encore peu connu, qui a des conjonctures indéfinies. L'Autriche se contentera
probablement de l'occupation de Salonique et
de l'acquisition des bords de la mer Egée vers
lesquels elle a dirigé des tentacules extensibles
qui déjà atteignent Novi-Bazar. Mais il est possible que toutes ces demi-prophéties soient pré-
maturées. Si l'on trouve par hasard que les

chirurgiens européens ont trop calculé sans leur malade, le démembrement pourrait être indéfiniment retardé. Le partage de la Turquie peut se faire dans un avenir prochain ; il peut ne pas avoir lieu pendant des siècles à venir.

En attendant, l'intérêt évident de toutes les puissances est de limiter la discussion finale par le règlement préliminaire du problème égyptien. De même que la question de la division de la Turquie d'Europe a été graduellement réduite par la formation des principautés balkaniques indépendantes, ainsi le problème du démembrement projeté de la Turquie d'Asie serait simplifié en séparant d'abord, et d'une façon définitive, la province égyptienne de tout vestige de la domination turque.

Si les choses progressent dans la direction qu'elles suivent jusqu'ici, nous pouvons considérer l'influence turque en Égypte comme une quantité négligeable.

Ce que nous avons dit de la Turquie nous fournira une importante aide matérielle quand nous tenterons de montrer l'attitude possible de l'Autriche-Hongrie dans le futur développement de la question égyptienne. Les relevés commerciaux fournissent des indications d'un commerce important entre l'Autriche et l'Égypte, et ce commerce donne des signes de saine expansion. Il y a, de plus, un nombre relativement grand de colons autrichiens ; beaucoup plus d'Autrichiens que d'Allemands, par exemple, se sont établis en Égypte. Nous pouvons, cependant, pour le moment écarter ces considérations commerciales, qui n'occupent que le second rang comparées à la politique proprement dite.

L'un des traits les plus remarquables, les plus intéressants et les plus importants de la politique étrangère autrichienne jusqu'à présent a été son attitude de constante sympathie pour l'Angleterre : l'Autriche s'est presque sans exception efforcée d'agir en accord avec elle. Cette sympathie a été aussi assidûment cultivée à Vienne qu'elle a été énergiquement soutenue en Angleterre par le *Times* et les grands journaux. Elle dure maintenant sans interruption depuis

1850 : elle est sans doute la seule politique raisonnable pour l'Autriche. Nous ne pouvons ici, pour des raisons évidentes, entrer dans les origines de cette alliance intime, ou expliquer ses causes générales. Il nous faut pourtant examiner la perspective de sa durée prolongée, puisque l'action combinée de l'Angleterre et de l'Autriche modifie sensiblement la question égyptienne.

On voit sans peine que l'Autriche peut à l'avenir recueillir un très gros profit matériel de l'alliance anglaise, particulièrement en Égypte. Quelles sont donc les chances d'action de l'Angleterre et de l'Autriche affrontant d'accord le problème turc? N'avons-nous pas montré que la question d'Égypte dépend dans une grande mesure de la question turque et de la façon dont elle est envisagée par les différentes puissances.

On doit d'abord avoir une idée bien définie de l'avantage que l'Autriche entend tirer du démembrement turc. Depuis sa défaite en 1866, l'Autriche a dû voir que ses espoirs d'expansion au delà de l'Inn, en territoire allemand, étaient définitivement éteints. On peut considérer désormais l'Italie comme destinée à être italienne et l'Autriche ne peut plus songer à un développement territorial à ses dépens. Exclue de la côte occidentale de l'Adriatique, l'Autriche s'est dirigée vers l'est de l'Adriatique, comprenant que sa seule chance d'expansion impériale et commerciale résidait dans les Balkans. Cette politique, clairement dictée par les revers de 1866, reçut pour ainsi dire sa légalisation internationale dans le congrès de 1878, dans lequel la politique autrichienne fut approuvée et même secondée par un mandat qui lui permettait de s'emparer de la Bosnie et de l'Herzégovine. La politique russe dans les Balkans est basée en grande partie sur des raisons sentimentales ou sur la tradition et nous verrons dans les pages suivantes, en nous occupant de la Russie séparément, que l'intérêt russe dans les Balkans diminue depuis longtemps et continuera à diminuer. L'action de l'Autriche est poussée, comme nous l'avons vu, par des motifs beaucoup plus importants ; ses conquêtes politiques et territoriales ne couvriront que le terrain où son commerce s'est déjà infiltré.

Actuellement l'Autriche est la puissance prédominante dans les Balkans, où la Serbie et la Roumanie ne peuvent sérieusement s'opposer à elle. De ces deux États, le dernier, en tous cas, a plutôt de l'inclination pour elle alors qu'il se montre froid dans ses rapports avec la Russie.

Il faut reconnaître que l'Angleterre peut éventuellement avoir des raisons sérieuses pour contrarier les plans d'extension de l'Autriche. Il n'y a aucune raison pour jeter le moindre doute sur la sincérité de l'amitié anglaise, ou pour soupçonner l'Angleterre de l'intention préméditée de tromper l'Autriche ; mais il se peut simplement, à cause d'intérêts éclairés, qui à la fin mènent invariablement à de saines conclusions politiques ; il se peut, disons-nous, que l'intérêt de l'Angleterre soit d'agir contre l'Autriche. La Sublime Porte ne se résignera pas à se laisser dépouiller de ses derniers lambeaux de possessions européennes sans murmurer, et sera heureuse si, à tout prix, elle peut produire une dissension dans le camp de ses ennemis. C'est la politique qu'elle a suivie dans la guerre russo-turque de 1877-78, quand elle s'assura la neutralité de l'Angleterre par la cession de Chypre. Qui sait si la Porte ne trouverait pas quelque autre morceau pour payer une intervention armée ou au moins diplomatique, qui pourrait empêcher Salonique de tomber entre les mains de l'Autriche? La Turquie pourrait même en arriver à céder à l'Angleterre ses droits de souveraineté en Égypte. C'est donc très clairement l'intérêt de l'Autriche d'amener le règlement préliminaire de la question égyptienne, qui pourrait à la longue se trouver fatale à tous ses desseins.

On a eu pendant des générations l'habitude de regarder la Russie comme la puissance dominante de l'Orient, et l'habitude est devenue une seconde nature. Aussi malgré les signes répétés qui ont été donnés que la prééminence de la Russie dans la péninsule balkanique, si toutefois elle a jamais existé, est depuis long-temps sur son déclin, les gens s'entêtent encore dans la vieille idée, et toutes les fois qu'il y a la moindre apparence de trouble dans le sud-est de l'Europe, la Russie en est invariablement considérée comme la promotrice, la Russie, puissance à craindre et contre laquelle il faut se garder. On aurait pu croire que les événements de ces derniers mois auraient ouvert tous les yeux qui n'étaient pas volontairement clos. La direction dans laquelle gravite la puissance russe est trop claire, et tous les revers que la Russie peut subir sur la côte du Pacifique ne feront que fortifier sa résolution de gagner, quoi qu'il en coûte, libre accès à la mer de Vladivostock à Port-Arthur. Peut-être est-il encore trop tôt pour risquer une prophétie sur le résultat dans l'avenir de la guerre russo-japonaise, mais quel que soit ce résultat, il ne peut manquer de détourner les yeux de la Russie de Constantinople. Admettons pour un moment l'hypothèse d'une victoire de la Russie sur le Japon, la Russie ne peut néanmoins obtenir une supériorité assez écrasante pour lui assurer un long intervalle de repos. Si les Japonais sont éventuellement forcés de se retirer du continent, ils resteront encore un ennemi formidable et toujours menaçant, capable à tout moment, quand ils verront la Russie engagée dans des complications européennes, de rallumer la guerre dans l'Extrême-Orient, de descendre n'importe où sur les côtes de la Sibérie, de la Corée ou de la Mandchourie et de se dédommager de leur défaite (1).

Supposons, d'autre part, que les Japonais soient capables de poursuivre encore plus avant les succès de leur première campagne et que la Russie soit chassée de la côte du Pacifique. Nous ne pouvons supposer un instant qu'un tel revers lui ferait abandonner sa politique séculaire, même s'il lui était possible de l'abandonner. La Russie ne peut, cependant, assigner une limite autre que maritime à ses possessions orientales. Elle s'est efforcée, avec peine

(1) La conclusion de la guerre russo-japonaise ne modifie pas la portée de ces réflexions.

mais persévérance, vers cette frontière maritime depuis l'époque même d'Ivan le Terrible (au seizième siècle) et sa propre existence dépend de son acquisition finale. La défaite ne peut que l'encourager à une nouvelle marche en avant mieux préparée et plus prudente. C'est dans ce but qu'elle rassemblera toutes ses ressources. La Russie s'est jusqu'ici avancée dans son expansion le long des lignes de moindre résistance. Ses marches répétées vers Constantinople furent invariablement arrêtées, brisées désespérément contre le solide rempart des puissances de l'Europe réunies, même quand, après une longue lutte, le Turc fut vaincu. L'intérêt uni de l'Europe a toujours été d'éloigner la Russie de Constantinople, et la Russie ne peut lutter seule contre l'opposition générale de l'Europe. La résistance qu'elle a rencontrée près d'elle n'a servi qu'à fortifier son expansion vers l'Orient.

Il y a encore d'autres raisons qui protègent Constantinople contre le Moscovite. La Russie, sans doute, entend avoir sa part dans la curée

turque; mais elle approche de sa proie comme
toujours le long de la ligne de moindre résistance. La Russie n'a plus besoin de marcher
sur Constantinople pour le démembrement de
la Turquie, car par l'acquisition de la province caucasique et sa conséquente prédomi-
nance sur la Perse, elle a tourné la position
turque qui maintenant s'étend ouverte devant
elle le long de toute la frontière de la Mésopotamie. C'est ici que l'on peut s'attendre à ce
que la Russie élève des prétentions; elle ne
peut s'étendre plus à l'ouest sans entrer en
collision peu amicale avec les intérêts syriens
de la France, son alliée. Il se passera des siècles
avant que la Russie puisse se permettre encore
de barrer le chemin de la France. La France
tient la seule bourse en Europe dont les cor-
dons ont été et peuvent encore être généreuse-
ment dénoués pour faire face aux besoins de la
Russie. Celle-ci, bien qu'elle puisse trouver en
elle-même le sang nécessaire pour effectuer de
nouvelles conquêtes, ne peut trouver dans sa
poche l'or qui doit les rendre fertiles. La

France, par les liens étroits de l'intérêt, limite donc les desseins de la Russie en Asie Mineure, tandis que toute l'Europe limite les desseins de la Russie dans les Balkans. La Russie, a moins d'y être forcée par quelque événement tout à fait imprévu, ne combattra vraisemblablement pas encore dans le sud-est de l'Europe pour se voir arracher comme Tantale les fruits de sa victoire par le concert des puissances européennes. Nous pouvons donc prophétiser avec un haut degré de confiance que la Russie restreindra ses ambitions à la possession de la Mésopotamie et qu'elle aura ainsi presque les mêmes intérêts que l'Autriche à limiter la question d'Orient, autant que possible, par l'exclusion de l'Égypte.

Il n'a pas échappé à l'attention du lecteur que dans les affaires de politique internationale, il n'est pas toujours nécessaire d'avoir un intérêt direct dans une question pour l'épouser avec chaleur. Cette déclaration doit paraître un peu paradoxale, mais un moment de réflexion suffira pour convaincre de sa vérité. Quand la diplomatie n'est pas soutenue par la possibilité immédiate d'un recours aux armes, c'est-à-dire, quand les adversaires sont si également et si admirablement équilibrés que la guerre est un moyen trop dangereux d'obtenir de petits avantages : les partis opposés essayent fréquemment de jouer une partie de ce que nous pouvons appeler la politique de « ricochet ». Prenons tout de suite un exemple concret qui fera comprendre clairement ce que nous voulons dire. Considérons, par exemple, quels étaient les intérêts de l'Allemagne pendant les années précédant immédiatement la guerre franco-allemande. Le but principal de toute sa diplomatie était d'arriver à l'isolement complet de la France, et quand nous réfléchissons à la position géographique de l'Allemagne, il devient apparent qu'il était surtout important pour elle de se mettre en sécurité par derrière en s'assurant la neutralité de la Russie. Si la Russie avait manifesté quelque intention de venir au secours de la France, tout le plan de campagne allemand eût été bouleversé. Le résultat d'une guerre

avec la France aurait été presque certainement,
fatal à l'Allemagne, ou, en tout cas, terriblement
hasardeux. Il est bien évident qu'avant 1870
alors que les plans allemands d'expansion extérieure n'étaient même pas dans l'enfance, la
mer Noire ne pouvait avoir aucun intérêt réel
pour l'Allemagne ; et cependant justement vers
cette époque nous voyons l'Allemagne mani-
fester la plus grande anxiété au sujet de la mer
Noire et spécialement à propos de ce point délicat : doit-elle rester ouverte ou fermée à la
Russie ? C'était un intérêt que, comme signataire
du traité de Paris de 1856, elle pouvait bien
montrer par devoir et à bon droit. Mais autre
chose qu'un strict sentiment du devoir se tra-
hissait dans son intérêt actuel. La Russie avait
longtemps tâté le terrain en secret, s'efforçant
de découvrir si l'Allemagne avait sérieusement
l'intention, au cas où l'occasion se présenterait,
d'aider au maintien du document anti-russe
de 1856. L'Allemagne n'avait pas voulu abattre
ses cartes et montrer son jeu. Au contraire, elle
avait soigneusement gardé le traité de 1856 et

maintenant le jouait comme atout. Et en noti-
fiant à la Russie qu'elle ne se souciait pas particulièrement que la mer Noire fût ouverte ou
fermée, elle s'assurait la neutralité reconnais-
sante de la Russie et par suite avait les mains
libres pour s'occuper de la France. Nous pourrions donner beaucoup d'autres exemples,
et expliquer ainsi l'intérêt incompréhensible
montré par des puissances qui ne peuvent être
directement intéressées dans le maintien de la
convention des Dardanelles.

On nous pardonnera cette digression parce
qu'elle n'a pour but que de rappeler au lecteur
une phase très importante du jeu de la politique. Elle lui fera comprendre qu'il ne suffit
pas toujours de regarder les intérêts directs qui
entrent dans une question. Il faut, en général,
sonder plus profondément.

Nous avons montré que la Russie n'a aucun
intérêt direct dans le maintien de la situation
anormale actuelle de l'Égypte. Il nous reste à
voir si elle ne peut à un certain moment se
servir de cette situation comme enjeu dans un

« ricochet » diplomatique. Peut-elle ainsi avoir un intérêt indirect à maintenir le *statu quo* en Égypte ? On peut promptement répondre à la question par la négative. On a vu combien sont simples les objectifs de la politique russe. Comme part dans la Turquie, elle sera amplement satisfaite avec la Mésopotamie ; et quand les conjonctures opportunes se présenteront, aucune puissance terrestre ne pourra l'empêcher de prendre la Mésopotamie. Avec la Grande-Bretagne il n'y a aucune complication même à l'horizon le plus lointain, dans laquelle la Russie pourrait trouver utile de jeter ses soi-disant intérêts en Égypte comme un appât. La Russie n'a pas de concession à faire à la Grande-Bretagne. Nous voyons, donc, que la Russie n'a pas de motif direct ou indirect pour tenir la question égyptienne plus longtemps en suspens et la Russie par suite ne consentirait à aucun sacrifice pour retenir l'Égypte dans la question d'Orient.

Nous en arrivons maintenant à la discussion de l'Allemagne comme facteur dans l'avenir de l'Égypte. On ne peut plus traiter l'Allemagne avec la médiocre considération des jours pré-bismarckiens. Sa marche a été rapide et elle figure aujourd'hui à l'avant-garde des grandes puissances. Son activité commerciale est universellement reconnue et ressentie partout. On ne peut nier ses prétentions à devenir une puissance mondiale. Un groupe de chiffres frappants donne une indication irréfutable de son importance croissante en Orient. Si nous prenons les relevés du canal de Suez, nous trouverons que dans les premières années les navires anglais et les cargaisons anglaises comptaient pour les quatre cinquièmes des recettes annuelles. Pendant ces quelques dernières années, bien que le trafic anglais ait continué à croître régulièrement, son pour-cent comparé au total a rapidement décliné. Alors que les premières années donnent 77 pour 100 des recettes comme anglaises, en 1900 les recettes provenant des navires anglais étaient déjà tombées à 57 pour 100 et en regardant de plus près on trouvera que cette baisse de 20 pour 100 est due principalement à l'augmentation extraordinaire des navires allemands. Le nombre des navires allemands passant maintenant chaque année par le canal vient en second seulement après les navires anglais. Ceci montre immédiatement que l'Allemagne a des droits bien établis de participation dans toutes les affaires affectant d'une façon quelconque le commerce oriental.

Mais les questions commerciales n'expliquent qu'en partie l'intérêt allemand dans la politique du Levant. C'est en sa qualité de nation d'expansion rapide, obligée de trouver quelque part un débouché pour son énergie débordante et sa population trop dense, que l'Allemagne est des plus importantes. En étudiant la politique étrangère de l'Allemagne nous pouvons, avec d'autant plus de confiance, laisser de côté la pensée de tout motif d'action étranger. Les hommes d'état allemands ont depuis longtemps proclamé bien haut qu'ils ne sont influencés que par les *intérêts* de l'Allemagne. Ils ont toujours adhéré à la déclaration non équivoque de Bismarck :

Wir machen keine moralische Eroberungen.
Le point sur lequel l'énergie allemande s'est
concentrée n'est plus un secret depuis longtemps. Pendant des années les Allemands se
sont efforcés de germaniser l'Asie Mineure avec
autant de persévérance que la France, nous
l'avons montré, mit à franciser l'Égypte. L'argent allemand a été répandu avec prodigalité
pour l'exécution de grandioses projets de chemins de fer ; il a activé le développement des
fouilles allemandes et de l'archéologie allemande
dans toute l'Asie Mineure. Ses expéditions ar-
chéologiques qui ont spécialement pour centre
cette région (le nom de Schliemann est universellement connu) ne sont qu'un nouveau signe
de son vif intérêt dans le pays. Beaucoup de ces
expéditions sont devenues des institutions fixées
d'une façon permanente dans le pays. Jusqu'ici
l'Allemagne a procédé le long de lignes précisément similaires à celles suivies par la France.
Mais la France abandonna probablement, d'une
façon définitive, toute idée d'annexer l'Égypte
après que l'échec de Napoléon dans sa tentative

de 1798-99 eut démontré l'inopportunité et le peu d'avantages d'un tel projet. L'Allemagne, au contraire, médite clairement plus que le placement avantageux de ses capitaux superflus ou l'expansion philanthropique de sa civilisation. Elle a indubitablement l'intention, tôt ou tard, d'obtenir un établissement ferme et durable sur les bords orientaux de la Méditerranée, établissement qui, s'il est possible, s'étendra jusqu'au golfe Persique.

Si elle peut atteindre son but final par des canaux paisibles, l'Allemagne en sera, naturellement, charmée. Elle ne désire pas se lancer dans une guerre qui pourrait mettre toute l'Europe en feu, et en même temps se trouver accidentellement ruineuse pour elle. Mais le maintien d'une marche paisible sous-entend la conciliation des puissances qui peuvent s'opposer à elle.

Il y a cependant pour l'Allemagne deux moyens de s'approcher de l'Asie Mineure ; nous discuterons d'abord le premier, auquel nous avouons candidement ne pas croire.

Pourtant, on en a fait le sujet de tant d'écrits et
de débats sérieux, et il a gagné tant d'adhé-
rents que nous ne pouvons nous permettre de
le laisser de côté. Il implique la croyance en ce
qu'on appelle communément le pangermanisme. Une école de théoriciens politiques a
propagé l'idée de la dissolution prochaine de
l'empire d'Autriche. On avance alors que
l'empire allemand s'assimilera au moins la
partie de langue allemande de l'empire d'Autriche et quelques-uns des peuples d'autre
langue qui voudront se joindre au « Bund ».
Toute la théorie fourmille de difficultés in-
hérentes dont nous ne pouvons brièvement
indiquer que quelques-unes. Rien ne montre
sérieusement la dissolution prochaine de l'empire d'Autriche, et si pareille dissolution se pro-
duisait réellement, rien ne nous incline à
croire que l'Allemagne serait particulièrement
charmée de l'événement. Beaucoup de ses
grands hommes d'état, y compris Bismarck,
ont maintes fois déclaré que l'idée d'absorber
l'Autriche est contraire aux véritables intérêts

de l'Allemagne. Cette dernière a déjà les plus grandes difficultés dans ses rapports avec les Catholiques et ne désire pas rendre le parti catholique prépondérant au Reichstag, résultat qui suivrait presque inévitablement l'absorption de douze millions de catholiques autrichiens. L'Allemagne aurait également à faire face au difficile problème des Magyars. C'est le comble de l'invraisemblance de croire que ces derniers seraient amenés à l'union par des moyens pacifiques, et s'ils étaient finalement contraints de s'y joindre par la puissance accablante de l'Allemagne, ils formeraient dans l'empire un élément plus périlleux même que les Polonais à l'heure actuelle. A part toutes ces questions de répulsion et de désir, intérieurs pour ainsi dire, il est peu probable que le reste de l'Europe permettrait avec une parfaite égalité d'âme la formation d'une union de l'Europe centrale si vaste, qui, une fois consolidée, pourrait dicter sa volonté et faire exécuter ses ordres sans résistance possible.

Si l'Allemagne, suivant cette théorie au

moins improbable, réussissait à absorber l'Autriche, elle prendrait naturellement la place de l'Autriche dans les Balkans. Elle abandonnerait probablement les voies diplomatiques, devenues inutiles, et de suite avancerait sa frontière jusqu'à l'île de Salonique convoitée, d'où l'occupation de l'Asie Mineure ne présenterait pas de difficultés formidables.

Nous avons cependant montré l'invraisemblance inhérente à l'accomplissement de ces rêves grandioses de pangermanisme et avec elle nous pouvons les exclure des considérations de politique pratique. Nous n'en avons parlé que parce qu'ils ont excité un vif intérêt sur le continent, où plusieurs livres sérieux ont été écrits pour les soutenir. Nous n'avons qu'à mentionner l'ouvrage bien connu de Chéradame.

Les tentatives de l'Allemagne pour s'établir en Asie Mineure par les voies diplomatiques nous intéressent beaucoup plus sérieusement, puisque c'est sans doute la base sur laquelle le ministère des Affaires Étrangères allemand a construit ses plans ; et c'est en ne perdant pas de vue cette base que nous pourrons le plus rapidement estimer l'intérêt de l'Allemagne dans la question d'Égypte. L'intérêt direct de l'Allemagne en Égypte n'est pas assez grand, pour qu'elle montre une réelle anxiété de la destinée finale de l'Égypte, tant que la sécurité des placements relativement faibles des Allemands sera assurée. Le développement du trafic de l'Allemagne par le canal de Suez, auquel nous avons déjà eu l'occasion de faire allusion, n'a pas matériellement influé sur son attitude. En temps de paix, l'intérêt de tous les partis est de soutenir et de faciliter ce trafic ; et en temps de guerre, en dépit de toutes les conventions contraires, le plus fort des belligérants pourra probablement fermer le canal au plus faible.

C'est comme enjeu diplomatique indirect que l'Allemagne continuera à conserver ses intérêts dans les affaires égyptiennes. Et dans ce sens, on pourrait bien avancer qu'une partie de sa politique est de maintenir le *statu quo*.

Elle envisage très probablement la possibilité de prendre pied en Asie Mineure à peu près de la même façon que la Grande-Bretagne s'est implantée en Égypte, quoique avec l'Allemagne il n'y ait pas de doute sur son intention de convertir ultérieurement ce point d'appui en une occupation permanente et durable. Il n'y a donc pas à prévoir que l'Allemagne cherche en aucune façon à discréditer la position anglaise, dont elle peut vraisemblablement être contente de se servir comme d'un précédent.

Il faut, de plus, avoir bien présent à l'esprit que la seule puissance qui puisse faire une sérieuse opposition à l'Allemagne, c'est la Grande-Bretagne. Nous sommes constamment tenus en alarme, il est vrai, par des rumeurs de guerre ou des rapports de relations tendues entre les cours de Saint-Pétersbourg et de Berlin. Ces rapports sont rarement autre chose que les prédictions d'une presse à l'affût de nouvelles sensationnelles mais vraisemblables. Nous nous sommes déjà efforcé de montrer la direction orientale de la politique russe, qui seule est une garantie suffisante de paix avec l'Allemagne. Mais il semble peu douteux que la paix entre la Russie et l'Allemagne soit un des principes fermes, quoiqu'ils ne soient pas écrits, sur lesquels s'appuie la politique des deux pays. Toute cause de froissement paraît être soigneusement évitée, et si par hasard quelque désagréable différend momentané s'élève, il est vite apaisé par les deux parties. L'Allemagne et la Russie ont beaucoup en commun et n'ont pas mutuellement de projets irréconciliables. Elles souffrent toutes deux de pareilles afflictions. Toutes deux sont rongées sur leur frontière par le mal polonais ; et chacune aiderait bien volontiers à combattre la maladie de l'autre. Depuis 1762, elles ont toujours vécu dans une entente ferme, quoique peu démonstrative ; et bien que depuis cette date il soit difficile de trouver deux puissances européennes qui n'en soient pas venues aux mains, sinon aux coups, rien n'est cependant venu troubler le calme russo-allemand. Il est peu probable que cela se produise dorénavant.

Il reste, comme nous l'avons dit, l'opposition possible de l'Angleterre aux projets de l'Allemagne en Asie Mineure ; et pour cette raison l'Allemagne peut être heureuse de garder le moyen de lier, au moins diplomatiquement, les mains de l'Angleterre. Tant que l'Angleterre reste en Égypte, elle ne peut que protester faiblement contre la formation, par l'Allemagne, d'une seconde Égypte avec l'Asie Mineure, y compris, peut-être, la vallée de l'Euphrate.

Mais la politique de l'Allemagne est maintenant dans un équilibre instable. Tout ce que nous savons, c'est qu'elle sent l'impérieuse nécessité de trouver quelque champ d'expansion coloniale. Quel sera ce champ d'expansion? Nous n'en savons rien. Les événements de ces derniers mois ont peut-être révolutionné le kaléidoscope des affaires d'Orient.

Il est impossible de formuler aucune opinion directe sur cette politique orientale. En attendant, l'observateur attentif de la politique internationale ne peut que noter un nouveau courant dans la politique étrangère allemande.

6

Hors de l'Allemagne même, on connaît peu, ou du moins on a très peu relevé, les progrès remarquables qu'elle a faits au Maroc, particulièrement pendant ces dix dernières années ; mais durant cette période les intérêts allemands dans la partie nord-ouest du continent africain n'ont fait que croître constamment (1). L'Allemand s'est avancé avec cette persévérance lente, constante, souvent obscure, qu'il apporte à tout ce qu'il fait volontairement. Il y a très peu de bruit, mais une marche rampante et sans détours, qui réussit à la fin. Comme de coutume, l'Allemand donne de forts symptômes extérieurs de son intérêt, et ceci par ses livres. On peut généralement mesurer d'une façon assez précise la croissance de l'intérêt allemand pour n'importe quel sujet, par le flot correspondant de littérature qu'il provoque immédiatement. En se contentant de signes extérieurs un observateur pourrait très bien se

(1) Les remarques suivantes furent écrites avant les troubles récents au Maroc, qui confirment pleinement les vues du texte.

faire une idée du désir passionné de l'Allemagne de devenir une puissance navale de premier ordre, d'après la longue liste de livres paraissant dans les librairies allemandes, et ne traitant que de marine, d'armement naval, de navigation, etc., etc., et une quantité d'autre littérature se rapportant directement aux aspirations navales de l'Allemagne. Nous pourrions, de la même manière, acquérir une idée assez correcte de l'intensité de l'intérêt de l'Allemagne au Maroc, dans la masse de littérature concernant immédiatement le Maroc, qui est sortie des presses allemandes pendant ces dernières années. En Allemagne, le public qui lit et la masse sont en proportions égales. Toutes les choses possibles au Maroc ont été minutieusement étudiées. On a dessiné la carte du pays, et on l'a exploré dans toutes les directions. Des militaires y ont été, et ont publié leur opinion sur la possibilité pour la France d'envahir le Maroc avec succès.

Le mouvement commercial total du Maroc en 1902 était de soixante-seize millions de marks, un peu moins de cent millions de francs, dans lequel la part de l'Allemagne était considérable. En 1902, l'Allemagne envoya 292 navires avec 252.211 tonnes officielles ; la France envoya 311 navires avec 202.778 tonnes seulement.

Les maisons de commerce européennes résidant au Maroc sont au nombre de 61, dont 23 allemandes, 16 anglaises, 10 espagnoles et 7 françaises. Le 11 octobre 1902 une « compagnie marocaine » (*Marokkanische Gesellschaft*) se fonda, dont le *Nord Afrika* est l'organe périodique. La quantité d'ouvrages différents écrits par les Allemands pour l'exploitation commerciale et même politique du Maroc est très significative.

Le lecteur tirera aisément ses propres conclusions.

CHAPITRE II

Après la Grande-Bretagne, on a toujours regardé, et à juste titre, la France comme le facteur le plus important dans l'avenir de l'Égypte.
Mais l'attitude de la France, qui a été défendue,
combattue et critiquée à tous les points de vue
possibles, par des livres innombrables dans la
moitié des langues européennes, a été presque
invariablement mal comprise. Ce fait paraît
d'autant plus étonnant quand on considère que
dans la position prise par la France touchant
les affaires égyptiennes, elle n'a nullement
dévié de sa politique traditionnelle. Parmi le
grand nombre de ceux qui ont écrit sur l'Égypte,

figurent les noms de beaucoup d'éminents politiques dont on écoute naturellement l'opinion
avec une respectueuse attention ; mais quand
ils viennent à parler de la France, ils sont, ou
ont été jusqu'à présent, presque sans exception
tout à fait dans l'erreur. Ils ont été sans doute
exposés à se tromper par suite de la vue étroite
qu'ils ont eue de l'ensemble de la politique
française, ou plutôt, devrions-nous dire, par
leur connaissance restreinte de la continuité
ininterrompue de la politique historique de la
France. Quand on s'occupe de questions qui
comprennent la politique étrangère d'une
grande puissance européenne, il est excessivement peu sûr de baser son jugement sur ce
qu'on peut croire être l'intérêt particulier de
cette puissance pour le moment. On découvrira
presque toujours que la politique étrangère des
grands pays, quelque modifiée qu'elle puisse
être par les personnalités d'hommes d'état de
génie, est au fond dirigée par des influences
qui sont placées hors de leur contrôle. De brillants politiques ont pu se servir autant qu'il était

possible des occasions qui se sont offertes à eux ; ils ont rarement, peut-être n'ont-ils jamais été, en situation de faire naître ces occasions. Nous procéderons bientôt à tirer la morale et à prouver la vérité de ce qui autrement courrait le risque de passer pour une déclaration assez dogmatique.

Nous n'avons pas besoin d'entasser des citations montrant l'attitude générale dont on a jusqu'ici supposé l'existence entre l'Angleterre et la France en ce qui concerne les affaires égyptiennes. L'opinion exprimée par des écrivains anglais n'était certainement pas charitable. La France a été d'un bout à l'autre dépeinte comme affligée d'une jalousie assez aiguë devant les progrès anglais. En ce qui concerne l'Égypte particulièrement, on lui a attribué d'amères aigreurs. On suppose qu'elle a eu des occasions en Égypte dont elle a négligé de profiter et qu'elle est vexée de voir un autre tirer meilleur parti de ces occasions. Des alarmistes auraient aimé à faire croire qu'elle ne s'en tenait pas là, mais qu'elle nourrissait de sinistres desseins en attendant l'heure favorable. Attendez, disent ces alarmistes, que l'Angleterre se trouve pressée par l'adversité ou que toutes ses forces soient occupées ailleurs, et vous verrez la France sous son vrai jour. Ceux qui n'étaient pas tout à fait alarmistes donnaient du moins clairement à entendre, que la France aurait toujours quelque chose de désagréable à dire, trouverait quelque défaut, épiloguerait sur quelque chose dans la direction anglaise des affaires au Caire. Ce n'est pas à nous de montrer la fausseté de toutes ces sombres prédictions heureusement sans fondement ; les circonstances l'ont fait suffisamment et amplement. L'Angleterre s'est trouvée entraînée à des dépenses et toutes ses forces ont été employées ; mais la France, bien loin d'adopter une politique hostile, a fait tout ce qui était en son pouvoir pour délier les mains de l'Angleterre.

Qu'est-ce qui a donc rendu plausibles ces troublantes prophéties ? Car nous ne pouvons imaginer des gens assez crédules pour y croire

sans un motif sérieux. La grande erreur est
venue de ce qu'on a attribué à la France des
désirs impériaux du même genre que ceux
nourris par l'Angleterre. L'erreur est commune
et elle implique une méconnaissance complète
de l'histoire de France, nous pourrions même
dire de l'histoire continentale dans son ensemble. La France n'a aucun désir de devenir la
contrepartie de l'Angleterre, sans doute parce
qu'elle a compris depuis longtemps qu'un tel
rôle est complètement inconciliable avec sa
position de puissance continentale. On ne saurait soutenir sérieusement qu'elle ait jamais eu
réellement l'idée d'annexer l'Égypte. On peut
prendre comme axiome de la politique française qu'elle ne fera jamais de sérieux efforts
pour obtenir des conquêtes impériales à grands
frais d'hommes et d'argent. Elle ne cherchera
certainement pas d'acquisitions lointaines. Nous
avons déjà dans les pages précédentes fait allusion aux difficultés intérieures qui empêchent
les puissances continentales de nos jours (nous
indiquerons une ou deux rares exceptions) de

bâtir des rêves de possessions au delà des mers. Nous ne pouvons douter un moment que la France n'ait pleinement compris la futilité de pareils rêves. Peu de pays ont eu des perspectives coloniales aussi magnifiques, peu les ont sacrifiées avec tant de désintéressement et peut-être de cruauté aux nécessités intérieures. La vie des nations ressemble beaucoup à celle des hommes. Si le ménage est en désaccord au dedans et menacé au dehors, l'homme ne peut se risquer à s'embarquer dans de beaux projets loin de chez lui. Il en est de même pour la France. Nous n'avons qu'à rappeler les possessions françaises au Canada, qui, il est vrai, furent cédées à l'Angleterre au prix d'une guerre désastreuse. Cependant, quand elles étaient encore françaises, on ne fit aucun effort énergique pour les sauver, on n'envoya aucun homme au secours de Montcalm qui luttait vainement contre des forces supérieures accablantes. La France a eu ses grands marins et ses fondateurs d'empire, mais la plupart sont morts le cœur brisé par la cruauté qui immola

l'œuvre de toute leur vie aux intérêts domestiques du pays. Mentionnons, pour ne pas multi-
plier les exemples, les cessions de la France en
1783. On parle peu dans les livres d'histoire des
campagnes du Bailli de Suffren et de son brillant génie maritime, qui le rendit maître du
Carnatique en très peu de temps, en dépit des
efforts désespérés des Anglais pour interrom-
pre sa marche. Mais à peine l'amiral français
était-il sûr de son succès, que des dépêches lui
arrivèrent de Paris lui enjoignant d'évacuer immédiatement toutes ses conquêtes, attendu
qu'elles avaient déjà été rendues par traité aux
Anglais. Il ne lui restait qu'à obéir, et avec lui
disparut le dernier lambeau de l'empire français des Indes rêvé par Dupleix.

Ce n'est qu'à la conquête de contrées voi-
sines de la patrie, — qui sont, soit une nécessité
de sa propre existence ou si proches qu'elles
forment un champ de colonisation et en même
temps une force plutôt qu'une faiblesse dans le
cas où la France elle-même serait attaquée, —
que les Français ont apporté toute leur énergie

et toute leur persévérance. L'occupation de la
Corse était pour la France une chose de première nécessité. Il était impossible d'abandonner une île qui commandait tout le littoral
méridional de la France, qui eût rendu facile
le blocus de tous ses ports de la Méditerranée,
pour qu'éventuellement les Anglais la transfor-
massent en un second Gibraltar, ou une autre
Malte. Bien que la Corse eût été formellement
achetée aux Génois, il fallut des années de luttes
persistantes et ardentes pour transformer ses
habitants en Français.

L'autre grande possession impériale de la
France est l'Algérie, à quelques heures seulement de Toulon. Après les vigoureux efforts qu'a
coûtés sa conquête, cette colonie s'est depuis
montrée une possession de grande valeur et une
source de force militaire, car la France a pu
appeler à son aide les troupes zouaves de l'Algérie.

Dans une autre partie de cet ouvrage, nous
avons déjà parlé longuement des problèmes intérieurs et des obstacles qui ont empêché les

grandes nations continentales de se lancer dans
une carrière impérialiste, et nous avons montré
comment l'absence de ces obstacles a réduit la
politique impérialiste anglaise à une affaire relativement simple dont le succès est, dans la
pratique, une chose décidée d'avance. Nous
nous sommes étendu longuement sur ces considérations, parce qu'en jugeant l'attitude prise
par les nations continentales, nous pourrions
arriver à de très fausses conclusions si nous les
regardions toujours comme les rivales de l'Angleterre pour l'empire colonial. L'amère expérience les a convaincues de l'impossibilité d'une
telle rivalité, si ce n'est au grand risque de leur
propre existence politique. Si nous gardons
ces faits présents à l'esprit, nous serons moins
étonnés de remarquer que ce sont les moindres
puissances de l'Europe, qui ont le mieux réussi
à réunir et à conserver de grandes possessions
outre-mer. Nous pourrions d'abord être assez
naturellement surpris de découvrir que l'empire d'Allemagne a bien de la peine à maintenir son autorité sur des territoires africains

relativement petits, alors qu'une puissance moindre comme le Portugal peut garder ses possessions en Afrique, proportionnellement beaucoup plus vastes, avec assez d'aisance et de sécurité. Les Allemands se trouvent obligés de faire tous leurs efforts pour calmer une révolte temporaire comme celle des Herreros, tandis que les Hollandais peuvent tenir fortement en respect des possessions comme Achin, où les sujets sont dans un état d'insubordination perpétuelle. Mais il y a longtemps que la Hollande ne souffre plus de difficultés intérieures. L'acte de neutralisation en a fait politiquement une île, aussi complète que l'Angleterre en est une géographiquement. Ses ressources ne sont pas énormes, mais elles restent à son entière disposition. Elle peut concentrer toutes ses forces sur son point faible, tandis que l'Allemagne ne peut se permettre d'embarquer une grande expédition sur mer. L'Allemagne se trouve donc empêchée de subjuguer les Herreros par l'envoi d'une armée d'une puissance écrasante.

Le Portugal se trouve aussi dans un cas

semblable. La sûre neutralité de l'Espagne le délivre de toute inquiétude. Il ne sera pas attaqué à l'improviste par derrière. Sa situation intérieure est tranquille ; et par conséquent, n'ayant rien à craindre au dedans ni au dehors, il est en situation de prodiguer toute son énergie sans partage à l'accomplissement de son idéal colonial.

Quand nous résumons ces nombreux faits, nous ne pouvons manquer d'être convaincus qu'un pays comme la France,— avec d'immenses frontières exposées à une attaque immédiate si pendant un instant elles étaient gardées avec moins de vigilance ; avec des ennemis possibles à tous les points cardinaux, et des causes latentes de discorde à l'intérieur, Église catholique et politique divisées ; en péril imminent et journalier à l'intérieur et à l'extérieur, — ne quintuplera pas ses risques en saisissant des domaines lointains. Si la France peut acquérir au dehors à peu de frais des territoires assez dociles pour ne pas demander des efforts soutenus et dispendieux pour leur maintien, elle les prendra et les gardera tant que ces conditions ne seront pas changées. Et après examen, on trouvera que telles sont actuellement les colonies françaises. Le Tonkin avec ses sept millions d'habitants n'a pas autant de milliers de colons français. Nous nous imaginons ce qu'ils deviendraient, si la population indigène se montrait moins docile. Dans les immenses domaines du centre de l'Afrique, étendus de toutes parts, quelques centaines de soldats français suffisent à assurer un semblant d'obéissance. Il est du reste probable que bien peu de leurs habitants ont eu le plaisir de contempler un Français en chair et en os.

Si tout cela est exact, en jugeant la diplomatie française nous devons éloigner de nous l'idée très commune que ses marches et contre-marches sont inspirées par des projets démesurés et insatiables de domination impériale. Une fausse évaluation du but de l'adversaire peut mener à une défaite diplomatique. Surtout l'Égypte doit abandonner l'idée chère que la France a jamais eu l'intention d'employer la

force pour l'aider à revendiquer ses droits.
Si l'Égypte avait été injustement occupée
par la Grande-Bretagne, et contre la volonté
des indigènes, les Égyptiens auraient bien en
vain fait appel à la France. Du moment que
la France n'avait ni le pouvoir ni le désir
de dépenser ses forces pour obtenir l'Égypte,
il était peu probable qu'elle versât ses ressources et s'exposât elle-même à une défaite complète pour la poursuite philanthropique et peu avantageuse des libertés Égyptiennes.

Si les Égyptiens ont vu une lueur en France,
ils ont été l'objet d'une illusion, et aujour-
d'hui ce soleil s'est irrévocablement couché.
Et cependant ils n'ont pas de raison de se dé-
courager, car s'ils aspirent à l'autonomie nationale, ces espérances, comme nous nous efforcerons de le montrer, ne sont pas plus sombres
aujourd'hui qu'auparavant. Tout ce que nous
avons fait ressortir, c'est que si ces espoirs
étaient placés en France, ils étaient mal placés.
Le temps n'est plus, s'il a jamais existé, où

7

les nations agissaient principalement pour des motifs chevaleresques. Aujourd'hui l'intérêt règne en maître. Si l'Égypte devient une unité nationale indépendante, ce sera parceque cette indépendance se combinera très justement avec les intérêts de toutes les parties intéressées. Elle ne le deviendra jamais par l'action généreuse mais impolitique d'une grande puissance.

Revenons une fois encore à la France et aux intérêts français en Égypte. Quand on la considère à la lumière des événements passés, la politique française prend une forme et une allure définie, et aussi une justesse, qui montrent qu'elle n'est pas inspirée par l'esprit rétrograde et peureux que lui imputent les déclamations de la presse nationaliste française.

Un peu de réflexion sur la politique impérialiste de la France dans le passé ne peut guère manquer de convaincre le lecteur que l'idée que la France nourrit des desseins impériaux sur l'Egypte est insoutenable. Nous verrons tout à l'heure que la France a encore de l'espace pour son expansion impériale à sa porte même; que de tout temps il fut tout à fait improbable qu'elle risquât quoi que ce fût pour occuper l'Égypte.

En ce moment nous possédons une ample confirmation de ce que nous avançons, sous la forme de la dernière convention entre l'Angleterre et la France (8 avril 1904). Tout ce qu'il faut, c'est interpréter ce traité sous son véritable jour. Nous pouvons avec raison le considérer comme un autre signe éclatant de l'entente cordiale existant à présent entre les deux pays, mais il serait puéril de s'imaginer que c'est le produit direct de cette entente. Ce n'est pas non plus le fruit immédiat de la diplomatie pleine de tact, au moyen de laquelle le roi Edouard VII, avec cette connaissance profonde des véritables nécessités de la politique anglaise qu'il a montrée, a cimenté les liens d'amitié avec la France. Celle-ci n'a pu faire ce traité qu'avec une sérieuse connaissance de ce que devait être sa position réelle vis-à-vis de l'Égypte. Bien que par là elle repousse formel-

lement toute intention de s'interposer en aucune façon dans les progrès de la Grande-
Bretagne en Égypte, elle ne renonce en réalité
à aucune partie de sa politique antérieure.
Elle fait simplement un aveu sincère de ce qui
a toujours été sa ligne de conduite, s'assurant
en même temps une plus grande liberté dans
la poursuite de ses plans impériaux dans le
nord-ouest de l'Afrique. Nous aurons plus tard
l'occasion de voir si la France en faisant cet
aveu ne s'est pas assuré de très solides avantages en échange de peu de chose. Il faut
cependant, reconnaître ici que la France renonce, sans équivoque, à tout dessein impérial en ce qui concerne l'Égypte. Nous citons
les termes mêmes du traité :

ARTICLE PREMIER

« Le Gouvernement de Sa Majesté Britannique déclare qu'il n'a pas l'intention de
changer l'état politique de l'Égypte.

« De son côté le Gouvernement de la République française déclare qu'il n'entravera pas l'action de l'Angleterre dans ce pays en demandant qu'un terme soit fixé à l'occupation britannique ou de toute autre manière, et qu'il donne son adhésion au projet du décret khédivial qui est annexé au présent arrangement, qui contient les garanties jugées nécessaires pour la sauvegarde des intérêts des porteurs de la dette égyptienne, mais à la condition qu'après sa mise en vigueur aucune modification n'y pourra être introduite sans l'assentiment des puissances signataires de la Convention de Londres de 1885. »

On peut, après ce que nous avons vu, résumer brièvement la politique étrangère de la France comme une politique de contraction. Ses hommes d'état ont apparemment clairement compris que la France n'a pas de vocation impériale comme celle que poursuit l'Angleterre. Si dans leurs rêves de conquêtes lointaines ils rencontrent quelque fort courant d'opposition ou de résistance, ils préfèrent se retirer plutôt que de se lancer dans des efforts et des dépenses répétés. De plus, la France n'est pas forcée comme d'autres pays continentaux de s'embarquer dans de vastes plans de colonisation pour alléger la pression d'un grand surplus de population. Ses conquêtes étrangères, quand elle en fait, sont dictées simplement par un désir d'agrandissement territorial; ce n'est pas l'excès de population du pays qui l'y oblige ; en conséquence, si elle ne réussit pas dans ses tentatives coloniales, elle n'éprouvera pas la gêne ou le chagrin consécutif ressenti par d'autres pays. Au contraire, l'effet sera plutôt bienfaisant, car elle pourra alors apporter aux exigences de la politique intérieure des forces qu'il lui serait difficile de gaspiller au dehors.

Quand nous regardons les choses sous cet angle, nous voyons le manque absolu de justification des invectives qui ont été déversées avec tant de prodigalité et d'âpreté sur des ministres comme M. de Freycinet. Nous voyons en eux des hommes qui ont saisi la véritable vocation de leur pays, ses nécessités réelles et ses vraies capacités; des hommes qui ont eu le courage, en dépit des vitupérations d'un chauvinisme illusionné, de mener la France le long de la voie tracée pour elle par les faits et les circonstances, la seule voie qui puisse conduire à des succès durables et importants. Ils ont dédaigné d'attirer l'attention de la galerie par les coups éclatants mais pernicieux d'un impérialisme, nécessairement prédestiné à l'échec.

C'est le dernier ministre des Affaires Étrangères de France, M. Delcassé, qui a habilement et en même temps très profondément, caractérisé l'histoire d'un pays comme une chose organique, qui a ses limites naturelles et ses propres moyens de croissance, en dedans desquelles seulement elle peut atteindre son entier et sain développement. Pousser un pays en dehors de ses voies naturelles ne peut conduire qu'à l'affaiblissement et au désastre. C'est le rôle de l'homme politique intelligent et honnête de découvrir ces voies naturelles de développement, et de diriger la croissance de son pays exclusivement dans leur direction. Nous croyons consciencieusement que les derniers hommes d'état de France l'ont fait de tout leur pouvoir. Ce sont des pensées comme celles-ci, qui conduisirent à la renonciation de la part de la France (1890) de son *condominium* avec l'Angleterre sur le sultanat de Zanzibar. La France a compris qu'elle occupait là une position qui pouvait être une source constante de froissements inutiles, inutiles parce qu'il n'en résultait aucune compensation avantageuse ; alors très gracieusement, mais très politiquement, elle s'est retirée. Sa retraite actuelle de l'Égypte n'est qu'une amplification ou une répétition, en plus grand, du coup qu'elle essaya à Zanzibar, et trouva bon.

Quand nous en venons à parler de l'attitude italienne dans la question d'Égypte, nous marchons sur un terrain beaucoup plus délicat. En manière de préface, on peut dire que la position de l'Italie a subi pendant ces dernières années un changement presque complet, et qui n'est pas intervenu sans froisser violemment les sentiments. Cette nouvelle orientation n'a pas été la cause de ruptures diplomatiques et, par suite, s'est faite sans autre chose que les phrases les plus polies. Mais les diplomates savent dire les choses les plus dures avec les mots les plus polis. La menace de guerre est entourée de charme et devient simplement un acte peu amical, de sorte que nous pouvons bien imaginer que beaucoup de haine peut se cacher sous une civilité impeccable.

Au risque d'irriter le lecteur, il nous faut ici, une fois de plus, répéter la très vieille remarque que la politique internationale ne ressemble en aucune façon à la vie privée. C'est une remarque que Spinoza fit il y a longtemps, quand il dit que les nations dans leurs relations mutuelles sont *in statu naturali*; et depuis Spinoza la politique internationale n'a pas changé de base. Envisageant ce que nous avons à dire, nous devons encore affirmer que le terme machiavélique ne peut être appliqué avec justice au rôle joué par l'Angleterre. On a beaucoup écrit contre l'Angleterre, qui est représentée comme ayant attiré l'Italie dans le désastre africain simplement pour servir les intérêts britanniques. C'est une façon très cruelle et peu compromettante de juger l'affaire. Et bien qu'il y ait quelque part de vérité, car personne aujourd'hui ne niera que l'Italie joua le rôle du chat de la fable dans la solution du problème compliqué de l'Afrique centrale, néanmoins on ne peut avancer que l'Angleterre outrepassa en aucune manière les règles reconnues. Si des politiques anglais encouragèrent l'Italie à l'entreprise de ses plans africains désastreux, on ne peut mettre sa catastrophe à la charge de l'Angleterre. L'Italie devait bien être à même d'estimer à leur valeur intrinsèque les encouragements qu'elle recevait, et elle ne peut reprocher à d'autres ses revers militaires et politiques.

Cependant il est utile de jeter un coup d'œil rapide sur la politique internationale de ces dernières années en tant qu'elle concerne la région des sources du Nil. Seule son exacte compréhension permettra d'évaluer correctement les intérêts politiques actuels de l'Italie en Égypte. Sans entrer dans les détails des premières expéditions, dont le but était d'écraser la puissance du Mahdi et de s'emparer du bassin supérieur du Nil ou Hinterland égyptien, et dont le mauvais succès est lié aux noms de Gordon, Hicks Pacha, etc., etc., nous voudrions rappeler au lecteur la situation de l'Angleterre quand celle-ci massait ses forces avec la détermination de frapper un dernier coup écrasant qui anéantirait les forces du Madhisme concentrées autour d'Omdurman et de Khartoum. En cas de succès dans cette campagne, l'Angleterre savait bien qu'elle rencontrerait d'autres obstacles formidables à son occupation complète du bassin supérieur du Nil, et il y en avait au moins deux qu'elle ne savait comment éloigner de force. A l'est, elle avait des motifs d'inquiétude par l'accroissement constant du pouvoir éthiopien, déjà maître de plusieurs affluents du Nil. A l'ouest, les Français déjà parvenus au Barh-el-Ghazal semblaient sur le point d'entrer en compétition avec les Anglais ou même de les devancer. Voyons comment l'Angleterre se proposa de circonvenir ces deux obstacles.

Les Italiens étaient déjà en possession d'un débouché très important sur la côte de la mer Rouge, en Érythrée, et leur grande ambition était d'assurer un brillant avenir à ce débouché en annexant l'hinterland excessivement fertile. Ceci ne pouvait se faire qu'aux dépens de l'Abyssinie. Les Italiens demandaient des encouragements et ils en reçurent naturellement beaucoup des Anglais, qui étaient surtout anxieux de détourner du Nil l'attention de l'Abyssinie. Si le Négus était occupé sur la mer Rouge, il ne pourrait ni secourir le Mahdi ni devancer les Anglais en occupant les rives supérieures du Nil. On ne peut soutenir que l'Angleterre prévit la défaite italienne, puisque cette défaite n'aidait pas du tout les calculs britanniques, bien que, par traité, les affaires furent ultérieurement arrangées de façon satisfaisante avec le Négus.

Les progrès de la France dans le Bahr-el-Ghazal étaient beaucoup plus difficiles à

arrêter, quand le ministère des Affaires Étrangères anglais s'avisa d'un heureux stratagème,
dont l'habile simplicité méritait un meilleur
succès. Afin d'éviter la proximité d'une puissance de premier ordre comme la France sur la
rive gauche du Nil, il résolut de la devancer en
proposant gracieusement à l'État du Congo,
c'est-à-dire à la Belgique, d'annexer le territoire convoité. Cette offre fut acceptée de bon
cœur, mais les Français, par une lourde pression diplomatique, amenèrent les Belges à renoncer à leurs droits de possession. La suite
est trop bien connue. Les Anglais avaient définitivement anéanti le Mahdisme par la campagne d'Omdurman admirablement menée,
avant qu'une faible expédition française quasi-
militaire n'atteignît Fachoda. Marchand, avec
environ deux cents hommes, ne pouvait songer
à s'opposer à Kitchener, qui en avait 25.000.
Il lui fallut baisser pavillon ; et bien que l'événement causât une grande effervescence, le gouvernement français, appliquant la politique que
nous avons déjà indiquée, préféra capituler

plutôt que de partir en guerre pour une question d'impérialisme au centre de l'Afrique. S'ils n'avaient pas simplement fait une politique de dilettantes en Afrique, les Français auraient pu réussir à s'établir solidement sur le Nil longtemps avant la chute d'Omdurman, c'est-à-dire entre 1894 et 1896.

Le désastre écrasant d'Adowa, répétition des fourches Caudines, dans lequel plusieurs milliers d'Italiens se rendirent, amena la fin de la diversion du Négus escomptée par les Anglais. Mais l'expédition italienne avait déjà eu l'effet désiré, et les frontières de Ménélik furent ensuite pacifiquement délimitées. La journée d'Adowa sonna en même temps le glas de l'influence italienne en Afrique et ainsi changea l'attitude de l'Italie envers l'Égypte. Elle n'a plus le moindre espoir de former une grande colonie dans l'est de l'Afrique, et le *statu quo* égyptien devient pour elle, en conséquence, une affaire de suprême indifférence. Nous verrons dans un chapitre suivant que si l'Italie garde encore quelque intérêt en Afrique, ce ne

peut être que celui de trouver un débouché
pour son excès de population, et il est difficile
de voir comment elle peut mener à bien ce
projet sans aller à l'encontre des intérêts
anglais. Cette question d'excès de population
commence à agiter l'Italie, comme elle agite
déjà l'Allemagne. Sur une étendue qui n'est
guère plus que la moitié de celle de la France,
l'Italie entretient, ou s'efforce d'entretenir, une
population presque égale. Elle ne peut exister
sans l'émigration ; et cependant elle s'alarme de
ce que celle-ci coule à l'Occident, vers l'Amérique du Nord et l'Amérique du Sud, où ses fils
sont à jamais perdus pour leur pays natal,
puisque l'Italie ne peut espérer conquérir un
champ d'action dans l'Amérique du Sud au
mépris de la doctrine de Monroe.

Nous n'avons pas à analyser les sentiments
violents que les Italiens sans aucun doute éprou-
vent, dans une certaine mesure, à l'égard de
l'Angleterre qu'ils jugent responsable de leurs
malheurs en Abyssinie ; mais nous voudrions
faire voir que l'Italie ne se mettrait probable-

ment pas du côté anglais dans le cas d'une combinaison anti-britannique. Pour une raison ou pour une autre, elle est très mal disposée à l'égard de l'Angleterre et s'il y avait une perspective de partager un jour les dépouilles de cet empire, elle serait trop heureuse d'avoir une part qui la soulagerait dans ses besoins. De plus l'Italie, étant bien fortifiée et protégée, est moins exposée à des attaques par mer. Aussi nous ne pouvons nous attendre à ce qu'elle soit réellement désireuse de maintenir l'occupation britannique en Égypte, si elle la considère comme avantageuse pour la Grande-Bretagne ; si elle n'est pas avantageuse, la question, nous l'avons déjà dit, est pour l'Italie tout à fait indifférente.

La situation était tout autre, il y a quelques années, quand, pour les affaires d'Égypte, l'Italie et l'Angleterre marchaient la main dans la main. Cette amitié était alors inspirée par une communauté d'intérêts. L'Italie, déjà résolue à sa malchanceuse expédition, n'était que trop anxieuse d'aider les Anglais à remonter le Nil,

peut-être avec une idée de coopération ulté-
rieure aux sources du fleuve. Voilà qui explique
l'appui donné par l'Italie à l'Angleterre quand
celle-ci demanda 500.000 livres à la *Caisse* pour
aller à Dongola. En cette occasion la voix de
l'Italie, unie à celles de l'Autriche et de l'Allemagne, fit pencher la balance en faveur de
l'Angleterre contre la France et la Russie.
Mais, nous l'avons montré, l'Italie ne peut plus
maintenant se permettre d'être amicale sans
compensation.

CHAPITRE III

LA POLITIQUE IMPÉRIALE DE LA GRANDE-BRETAGNE

Nous avons suivi de notre mieux le plan dressé au commencement de cet ouvrage, et prenant un par un les fils divers dont les entrelacements complexes s'unissaient pour former le nœud de la question d'Égypte, nous nous sommes efforcés de les démêler séparément et de dévider chacun d'eux. Le résultat général auquel nous sommes arrivés est l'idée qu'aucune puissance européenne n'a d'intérêt impératif à maintenir le *statu quo* actuel en Égypte. Nous parlons, bien entendu, d'intérêt politique, car notre intention est de parler plus tard des intérêts financiers communs, c'est-à-dire de la Caisse. Comme la finance et la politique n'ont en réalité rien de commun, nous avons jugé plus convenable de séparer complètement leur étude.

Ce résultat négatif ne l'est, toutefois, qu'en apparence. Jusqu'à l'époque actuelle, on a regardé cette question comme étant d'ordre international et toujours abondante en froissements. Il fallait la manier avec précaution ou même la laisser tout à fait de côté. Il semble que personne n'ait pu s'occuper de l'affaire sans s'échauffer à un degré qui pouvait conduire aux plus graves conséquences, et même à une conflagration européenne générale. Il n'est pas étonnant qu'avec une telle perspective les puissances européennes aient trouvé plus commode de laisser continuer indéfiniment la Commission d'occupation qu'elles avaient confiée à la Grande-Bretagne. L'occupation britannique, en tous cas, a évité la nécessité de remettre la question embarrassante sur le tapis, au moins pour le moment. Le tact impeccable que montra l'homme d'état nommé par l'Angleterre pour la représenter en Égypte, rendit sans aucun doute la solution temporaire de l'embarras beaucoup plus facile et beaucoup plus satisfaisante. Il est difficile d'estimer trop haut la conduite d'hommes comme Lord Cromer, contre lequel, en effet, les critiques les plus violents de la politique britannique se sont abstenus, en général, de proférer une parole de dénigrement. Il a réellement conquis l'estime universelle par la manière dont il a occupé un poste plein d'épines et de difficultés, sans transgresser une fois les limites de la plus parfaite courtoisie. Il a su céder gracieusement quand il a pu le faire sans nuire aux intérêts de son pays ; et il a su exiger rigoureusement, mais sans provocation, quand la politique britannique le forçait à être exigeant. Le tact de Lord Cromer a été le modèle d'après lequel d'innombrables autres fonctionnaires ont réglé leur conduite, et les choses ont en somme marché assez aisément.

Aujourd'hui, nous l'avons montré, la situation a changé. Les appréhensions trop vives

de presque toutes les puissances européennes
au sujet de l'Égypte se sont calmées de plus
en plus, au point que chacune d'elles, ainsi que
nous l'avons vu, regarde le maintien de la
situation actuelle avec une complète indifférence. Diverses circonstances rendent le retour
de guerres européennes générales peu probable, c'est-à-dire le renouvellement de guerres
comprenant à la fois plus de deux ou trois puissances. Les questions internationales ont été
réduites au point que probablement la seule
question importante qui reste est le problème
du démembrement turc. La majorité des puissances européennes, afin d'éviter les petits
ennuis qui les tenaient toujours dans l'inquiétude d'une guerre internationale, se sont effor-
cées d'interposer entre leurs frontières des
zones de territoire neutre, qui les gardent de
collision sérieuse. C'est ainsi que la Hollande
a été neutralisée, *de facto*, et la Belgique, le
Luxembourg et la Suisse, *de lege*. Elles forment, pour ainsi dire, des points morts sur la
carte d'Europe, protégées elles-mêmes de toute

agression par le consentement général, et faisant l'office de tampons en quelque sorte pour
empêcher les grandes puissances placées sur
chacun de leurs côtés d'être dans un constant
état d'irritation mutuelle. Depuis que ce changement est survenu dans la carte de l'Europe,
les grandes questions politiques sont devenues
des affaires soit domestiques soit extra-européennes pour l'expansion coloniale lointaine,
et elles menacent ainsi rarement la paix de plus
de deux pays à la fois. Maintenant que les
causes sérieuses de dissension générale sont
écartées, les puissances peuvent considérer
avec moins de terreur le règlement définitif de
la question égyptienne.

Nous avons vu, ensuite, que la question a
cessé d'être importante pour la politique internationale, et qu'elle se réduit, en fait, à une
situation dans laquelle les Anglais et les Égyptiens eux-mêmes sont seuls à posséder des intérêts directs. Par conséquent, nous allons, en
premier lieu, discuter les intérêts britanniques,
et nous devons nécessairement faire précéder

nos remarques de quelques observations sur la politique impériale de la Grande-Bretagne en général.

Il nous sera tout de suite facile d'établir un contraste naturel entre les vocations impériales de l'Angleterre et de la France. Nous avons montré qu'une politique de conquête lointaine est nuisible à la France ; et nous allons faire voir qu'en ce qui concerne l'Angleterre, le contraire est vrai. L'Angleterre est depuis longtemps un pays d'expansion, bien qu'elle le soit actuellement, il faut l'avouer, à un degré moindre ; elle est par sa nature même moins propre que la France à devenir un grand pays agricole, et elle ne peut jamais espérer comme cette dernière pourvoir elle-même à ses besoins. Sa tendance à fonder des colonies lointaines est donc naturelle. Elle n'a, malheureusement, pas de champ favorable d'expansion à sa porte comme celui que la France possède en Algérie et en Tunisie. Elle a, depuis le Moyen Age, si complètement abandonné toute idée d'acquérir d'une façon permanente un arpent de terre sur le Continent, que l'idée qu'elle puisse y jouer à nouveau le rôle de puissance conquérante est maintenant regardée comme absurde même par les jingos les plus agressifs.

Nous avons aussi des témoignages documentaires dans le traité de Vienne (1815) que ces intentions ont été, une fois pour toutes, mises de côté. Car, l'Angleterre ne proposa même pas qu'on lui assignât une simple forteresse française. Nous avons déjà eu l'occasion d'indiquer les circonstances qui ont permis à l'Angleterre de suivre une heureuse carrière impériale; nous avons montré que toutes les questions de politique intérieure ont pris dans ce pays depuis la Restauration de Charles II (1660) les formes les plus douces. Elle a eu ses fièvres politiques, ses fièvres ecclésiastiques, ses fièvres sociales, mais sous la forme d'attaques très atténuées, qui ont rarement nécessité une effusion de sang ; et elle n'a certainement jamais connu cette grande saignée nécessaire à la guérison des pays continentaux.

Nous n'avons pas à discuter si ce résultat est dû à la résolution consciente ou inconsciente des Anglais d'écarter jusqu'au dernier désaccord intérieur afin d'avoir toute liberté pour les acquisitions extérieures, ou si l'aplanissement des sujets de discussion intestine amena l'expansion extérieure. Nous ne nous occupons que des résultats. Personne ne peut nier davantage que l'Angleterre a une vocation impériale, c'est-à-dire qu'un certain impérialisme est la condition de sa grandeur, et que cette politique bien dirigée, est pour elle une source de force à l'intérieur.

La passion de l'Angleterre pour l'impérialisme a subi des phases ; elle n'a jamais eu d'éclipse. Tous les Anglais sondés à fond se montrent impérialistes de cœur : ils ne diffèrent entre eux que sur des questions de méthode et de degré.

Nul n'a oublié le flot d'impérialisme enragé qui passa sur l'Angleterre dans les dernières années du dix-neuvième siècle. Il naquit probablement de cette considération que l'Angleterre n'était plus seule dans la course aux acquisitions territoriales. Elle fut alors, sans doute pour la première fois, excitée par le fait qu'elle avait, dans l'Allemagne, un rival parmi les grandes puissances. Cette fois, ce n'était plus un dilettante, mais un concurrent dont les projets coloniaux étaient le fruit de la nécessité.

C'est l'aurore du Rhodésisme, ce sentiment fut activement entretenu par des hommes comme Chamberlain. Quand le succès d'Omdurman sembla justifier les espoirs les plus caressés, l'excitation devint de la fièvre. On interpréta de la manière la plus extravagante la défaite des Derviches, résultat d'une campagne excessivement vigoureuse dont le coup final et écrasant prouva le grand talent et l'habileté de celui qui en avait dressé le plan. L'empire britannique allait devenir un second empire romain. Il n'était plus possible de résister à sa toute-puissance. Si on ne pouvait gagner de nouveaux territoires par l'intelligence, on pouvait au moins les prendre par la force. L'impérialisme était déchaîné. L'enthousiasme semblait avoir envahi ses voisins continentaux, témoin la publication d'ouvrages comme *A quoi tient la supériorité des Anglo-Saxons* que l'on voyait à cette époque à tous les étalages de libraires.

Les campagnes prolongées pour la conquête des colonies du Transvaal et de l'Orange, la perte des hommes, les immenses dépenses d'argent, eurent un effet très calmant. L'équilibre fut rétabli et on se mit à regarder l'impérialisme excessif d'un œil plus perspicace. On commença à voir que si l'impérialisme était sans aucun doute une bonne chose, il ne l'était plus quand l'exagération s'en mêlait. On reconnut qu'il y a plus d'un moyen d'arriver au même but ; que certains moyens sont pratiques et d'autres non ; que la force brutale ne réussit pas toujours et est toujours coûteuse ; que les paroles aimables font autant que les coups ; que certaines choses valent la peine d'être possédées, d'autres non ; qu'on n'a pas les moyens de se payer longtemps du superflu. En fait, les hommes avaient l'esprit si plein de réflexions de cette nature, qu'il était difficile de reconnaître en eux les mêmes individus que deux ou trois ans auparavant. On comprit qu'on ne trouve pas le chemin de l'empire en écrasant les intérêts de tous les adversaires, et on reconnut qu'il faut une suite excessive de combats pour vaincre des hommes blancs, quelle que soit leur nationalité. C'est ce qui fit reprendre les vieilles méthodes. On trouva qu'on pouvait avec un peu d'habile diplomatie obtenir beaucoup de choses que peut-être on n'aurait pu arracher à la pointe de la baïonnette. Des gens découvrirent la vérité du fameux mot de Napoléon : *On peut tout faire avec les baïonnettes excepté s'asseoir dessus.* C'est de ce moment que nous pouvons dater le retour de l'Angleterre à une politique européenne. Elle ne cherche plus à maintenir son isolement splendide mais impolitique. Elle comprend qu'elle ne peut rien achever en se mettant contre toute l'Europe, tandis qu'elle peut obtenir beaucoup en opposant une puissance européenne à une autre. La nouvelle politique de conciliation a été brillamment inaugurée par S. M. le roi Edouard VII. C'est à son tact que l'on doit en grande partie le dernier arrangement satisfaisant avec la France. La tournure prise par les récentes élections partielles prouve suffisamment que le pays n'approuve pas une politique complètement jingo.

Une politique étrangère, pour être forte, doit évaluer exactement ses objectifs, en comprenant que la possession coûte que coûte n'est pas le vrai mot d'ordre. Le véritable impérialisme atteint son but par trois moyens : conquête, diplomatie ou rétrocession. Le « j'y suis, j'y reste » n'est pas toujours l'attitude la plus avantageuse, et nous avons des preuves à l'appui que l'Angleterre a de tout temps reconnu l'exactitude de cette dernière affirmation, qu'on peut obtenir beaucoup par voie de concession.

Nous ne fatiguerons pas le lecteur en citant de nombreux exemples où l'Angleterre s'est retirée de possessions qu'elle a jugé impolitique de garder. Nous ne prendrons que deux faits saillants, l'abandon de la Corse à la France, et

la rétrocession des îles Ioniennes à la Grèce.
Ces deux événements, pour être compris avec
profit, demandent à être brièvement expliqués
au point de vue historique.

Tout regret de l'abandon de la Corse est de
nos jours si bien effacé, qu'on peut douter que
la majorité des Anglais se rappellent encore
que jadis elle fit partie de l'empire britannique. Cependant on ne pouvait imaginer un
plus beau point d'appui stratégique. Étant
maîtres de cette île, placée comme elle l'est,
immédiatement en face du littoral méridional
de la France, les Anglais tenaient constamment en échec les plus importantes bases
navales françaises, tout en ayant une forteresse
d'où ils pouvaient détruire le commerce français dans la Méditerranée ou même envoyer
une expédition ravager la France elle-même.

Une occupation très courte (novembre 1793-
juillet 1796) démontra aux Anglais que même
avec la bonne volonté des habitants, leur situation serait toujours difficile. D'autre part, il était
clair que tant que l'Angleterre retiendrait la

Corse comme une menace perpétuelle pour la France, il ne pourrait y avoir de paix avec ce dernier pays. La conquête complète de la Corse eût exigé la dépense de plus de temps et d'argent que les Anglais n'étaient disposés à en risquer pour gagner ce qu'ils ne pourraient évidemment jamais garder d'une façon permanente. Et en ce moment, ils n'osaient prodiguer l'argent là où on pouvait l'épargner. Dans ces conditions la position n'était pas tenable, aussi on l'évacua. Et personne ne discuterait aujourd'hui la sagesse du gouvernement qui prévint des troubles infinis à venir, par cette retraite opportune.

En regardant une carte de la Méditerranée, les yeux les plus inintelligents ne pourraient manquer de voir la merveilleuse importance stratégique des îles Ioniennes, et surtout de Corfou. Placées à l'abri des côtes grecques, mais juste en face du point où le talon de l'Italie s'approche le plus de l'Épire, elles commandent effectivement l'entrée de l'Adriatique. A l'heure qu'il est, une puissance navale en

possession de ces îles rendrait inutile toute
la côte austro-hongroise, en coupant son seul
débouché sur la Méditerranée ; de plus, elle
paralyserait toute la côte occidentale de l'Italie.
L'importance de Zante et de Corfou s'imposa
de bonne heure aux Vénitiens, et nous ne
sommes pas surpris qu'ils s'y soient solidement
établis. Mais, ceci mis à part, nous avons l'excellent témoignage de Napoléon, que l'on peut
croire car il parle en connaissance de cause
quand il s'agit du pour et du contre stratégique
d'une position. Dès 1796, il y a des lettres de
Napoléon, que le lecteur peut vérifier lui-même
dans l'édition de la collection de ses correspon-
dances, dans lesquelles il insiste sur la nécessité d'obtenir Corfou à tout prix. Il dit qu'il
vaudrait mieux sacrifier tout le Nord de l'Italie
et Venise, plutôt que de perdre la clef de l'A-
driatique. Mais Corfou a encore d'autres avantages outre celui d'être une base navale émi-
nemment bonne. Sa grande proximité du
continent albanais en fait une position capitale
pour quelqu'un qui joue un rôle dans la politique

du Levant. En possédant Corfou, il serait facile d'intervenir dans les Balkans sans trop risquer qu'on se mêlât de vos affaires en retour.

Nous ne pouvons ici, et ce ne serait pas utile, donner une histoire détaillée des diverses occupations des îles Ioniennes, avant qu'elles fussent transmises aux Anglais en 1814, par Louis XVIII, pour d'estimables services rendus. Il suffit de dire que Napoléon s'en servit avec grand avantage comme d'un marchepied vers l'Égypte, et comme il l'espérait, vers l'Inde ; il comptait ultérieurement leur donner une valeur énorme dans ses desseins sur l'Europe centrale. Ses espoirs furent brisés à Aboukir, mais quoique trois des îles fussent ensuite capturées par la flotte anglaise, Corfou continua à tenir jusqu'à l'abdication de Napoléon.

Le don de Louis XVIII fut maintenu par le Congrès de Vienne, ou, pour parler d'une façon plus précise, le traité décida que la République des Sept Iles devait renaître sous la protection de la Grande-Bretagne. Il est intéressant de lire la façon dont le premier grand commissaire anglais, Maitland, comprit sa charge ; la parodie de gouvernement constitutionnel qu'il forma ; et de quel sceptre de fer il gouverna la noblesse rétive de Corfou. Sous son règne, les Anglais améliorèrent grandement l'île, tracèrent des routes, et renforcèrent sa position déjà forte. Les commissaires suivants, ayant une profonde connaissance de la nature grecque, furent moins heureux, et la parodie constitutionnelle de Maitland devint avec eux excessivement désagréable. Enfin le tout fut couronné par des votes annuels d'adhésion au royaume de Grèce qui n'existait pas encore. Toutes ces affaires, on les trouvera admirablement rapportées dans le livre de M. Lord intitulé : *England's Lost Possessions*. C'est ainsi que les choses se passèrent jusqu'en 1864.

Nous ne sommes pas encore admis dans tous les secrets du gouvernement, et nous ne pouvons dire tous les puissants motifs qui amenèrent M. Gladstone à céder les îles en 1864. Les difficultés pour maintenir l'ordre parmi les indigènes étaient grandes sans doute, mais l'Angleterre les avait patiemment surmontées pendant cinquante ans et continuait à patienter encore. L'Angleterre n'était pas non plus forcée d'abandonner les îles, comme on le dit couramment, pour assurer la non-élection au trône grec du candidat franco-russe, le duc de Leuchtenberg. Grandes furent les clameurs poussées contre l'évacuation ; on prédit de bonne foi que la prépondérance navale de l'Angleterre dans la Méditerranée était perdue à jamais, crainte que les années suivantes ont fortement calmées.

L'Angleterre aurait, bien entendu, fait preuve de la plus grande sottise en abandonnant les îles dans un accès de générosité ; aussi ne commit-elle pas une pareille bévue. Nous tenons particulièrement à insister sur la manière dont elle s'en dessaisit. L'Angleterre voulait bien accorder aux Corfiotes leur liberté, mais à la condition que leur île serait rendue inoffensive à l'avenir. Elle manifesta même la plus grande disposition à se retirer, et déclara son désir sincère de quitter une position qu'elle ne

pouvait assurer convenablement sans tyranniser
les indigènes. Il ne fallait cependant pas s'attendre à ce que l'Angleterre évacuât les îles
pour qu'elles tombassent entre les mains d'une
autre et qu'elles servissent plus tard d'arme
contre elle-même. L'Autriche aussi désirait
ardemment assurer la neutralité des îles, et elle
demanda, d'accord avec l'Angleterre, que toutes
les fortifications fussent démolies et qu'il fût
expressément défendu à la Grèce d'établir
aucun poste militaire ou naval dans l'Archipel.
Cependant, on ne fit droit qu'en partie à ces demandes, et Corfou et Paxo furent seules neutra-
lisées.

Depuis lors, l'Angleterre n'a pas trouvé l'occasion de se repentir de la magnanimité de son
action ; mais, nous ne supposons pas que cet élan
était dénué de sains calculs politiques. L'Angleterre occupait indubitablement une fausse position à Corfou : position qui aurait souvent pu
se montrer une pierre d'achoppement pour elle
en diplomatie. Son mandat d'occupation décla-
rait expressément que les îles étaient indépen-

dantes, quoique tout à fait subordonnées au grand commissaire anglais. Pendant plusieurs années, l'Angleterre fit tout son possible pour mettre à exécution cette anomalie; mais elle n'y réussit pas. Évidemment les îles devaient être anglaises ou non anglaises. Il était inutile d'essayer plus longtemps de singer des institutions libres; il fallait qu'on les accordât réellement, ou qu'on les retirât tout à fait. L'Angleterre ne pouvait aisément tolérer la sécession annuelle votée par l'Assemblée de l'île; cependant la mépriser, c'était révéler l'absurdité de la constitution corfiote. L'Angleterre ne jugeait évidemment pas compatible avec son honneur ou ses intérêts de rejeter le mandat des puissances et d'affirmer son droit aux îles par conquête. En même temps, bien que les archives diplomatiques ne révèlent pas leurs secrets, nous pouvons avec un peu de pénétration deviner que les adversaires de l'Angleterre profitèrent fréquemment de sa fausse position pour obtenir des concessions diplomatiques. La situation devenait sans doute absolument insup-

portable. Les Corfiotes prenaient chaque jour
une idée plus sérieuse de leur indépendance
fictive, et il était probable que l'annexion pure
et simple de Corfou aurait nécessité une effusion de sang, même si les autres puissances y
avaient consenti. Il est bien certain que l'Angleterre comprenait parfaitement l'importance
de la position stratégique qu'elle sacrifiait.
Mais la grandeur du sacrifice fut très miti-
gée lorsqu'elle obtint sa demande de neutralisation; et sa libération d'une fausse position
calculée pour embarrasser sérieusement, sinon
pour paralyser sa diplomatie, n'était pas un
avantage à dédaigner.

Par la suite, l'Angleterre n'a pas trouvé que
sa supériorité navale dans la Méditerranée fût
diminuée; et si en cas de guerre il devenait
important de réoccuper Corfou, l'Angleterre
aurait des chances aussi bonnes, sinon meil-
leures que les autres puissances, de s'emparer
des îles.

Tout ceci tend à prouver que même dans
une politique impérialiste, il y a des moments

où la retraite et une apparente abnégation ne sont pas déplacées, et où, alors même que la force seule aurait été très probablement couronnée de succès, son emploi n'aurait pas été récompensé d'une façon suffisante.

CHAPITRE IV

FAUSSE POSITION DE LA GRANDE-BRETAGNE EN 'ÉGYPTE

On aurait grand tort de prétendre que toutes les fausses positions en politique sont pernicieuses ; car on reconnaît généralement qu'au contraire dans la vie politique on ne peut se passer d'elles pour avancer. Le moraliste étroit et collet-monté peut se refuser à admettre un principe qu'il considère comme trop vil. Mais nous voudrions une fois de plus avertir le lecteur qu'il ne saurait diriger la politique d'après les mêmes principes stricts que nous nous efforçons d'observer dans la vie privée. Il ne réussirait pas à le faire. Dans la vie privée nous soutiendrions vigoureusement la doctrine que les fausses positions sont la ruine d'un homme : il doit les éviter de toutes ses forces, et si jamais par inadvertance ou mauvaise chance il s'y laisse entraîner, il doit s'en échapper à tout hasard et au prix de tous les sacrifices. En politique, malheureusement peut-être, mais par sa nature même, nous sommes obligés d'accepter les fausses positions. Nous ne pouvons toujours atteindre cette brusquerie excellente et primitive qui ayant une fois appelé un chat, un chat, ne revient plus jamais sur le sujet. Nous ne pouvons toujours concilier le *de facto* avec le *de jure;* et si fort que puisse crier le moraliste, nous sommes obligés de tolérer des situations qui dans la vie privée s'appelleraient très justement des mensonges, mais qui en politique, quand elles prennent un nom, s'appellent des compromis. Quiconque a la plus légère connaissance de l'histoire, sait que les institutions de tous les grands pays sont pleines de ces fausses positions, qui moralement parlant sont des défauts, mais qui sont politiquement les seuls moyens de dénouer des nœuds gordiens que l'on a trouvés peu faciles à séparer avec l'épée. On a résolu ainsi à l'amiable des problèmes qui auraient émoussé le fil de l'acier le mieux trempé. Nous ne voudrions pas accabler le lecteur de trop d'exemples historiques, et nous lui demandons seulement de réfléchir un moment à l'institution qu'est le cabinet anglais. Le cabinet sans nul doute gouverne le pays, mais l'étudiant le plus subtil de l'histoire constitutionnelle, le chercheur le plus diligent de documents, serait incapable de trouver un seul acte assignant au cabinet *de jure* le droit de gouverner le pays *de facto*. Il possède indubitablement le pouvoir ; cependant légalement son existence même est ignorée. De plus, ce n'est qu'au moyen de fictions politiques que l'Angleterre a réussi à obtenir un roi constitutionnel, qui bien que possédant *de jure* les pouvoirs illimités d'un souverain absolu, cependant sait trop bien que *de facto* il doit s'abstenir de les employer. Nous pourrions trouver un nombre infini d'exemples plus frappants encore à l'appui de l'affirmation que les fausses positions politiques sont non seulement admissibles, mais souvent sont absolument nécessaires.

Nous nous abstiendrons donc de monter sur les grands chevaux de la morale et, comme nous l'avons déjà dit, nous ne ferons pas de reproches. Nous ne considérons certainement pas au point de vue de la moralité abstraite le fait que l'Angleterre, à maintes reprises, a affirmé son intention d'évacuer l'Égypte (1) et cependant jusqu'à présent n'a pas rempli sa promesse ; une pareille discussion, bien qu'elle fournisse, ait déjà fourni et fournira sans doute encore aux écrivassiers plus d'une période sonore, n'avance en rien le chercheur sincère, ni le conseiller de bonne foi. Tout ce que nous voulons savoir à présent, c'est si le maintien de la

(1) Par la convention de Constantinople en date du 22 mai 1887, et signée par le grand commissaire britannique, sir Henri Drummond-Wolff, et le ministre de Turquie, la Grande-Bretagne consentait à évacuer l'Égypte dans un délai de trois ans, se réservant toutefois certains droits de réoccupation temporaire. Grâce à l'ingérence de la France et de la Russie, cette convention ne fut pas ratifiée par le sultan, et resta donc lettre morte.

fausse position de l'Angleterre lui est avantageux. Est-ce réellement une bonne chose?

Les avantages que l'Angleterre retire de l'Égypte sont sans aucun doute immenses. Sont-ils augmentés en quelque façon par la semi-occupation du pays par l'Angleterre? Seraient-ils en quelque façon atteints par son évacuation?

Afin d'embrasser la situation dans toute son étendue, nous essayerons d'abord de nous mettre à la place d'un jingo enragé; nous nous efforcerons de voir l'affaire à travers ses lunettes et d'imaginer les arguments dont il se servirait pour justifier la continuation de l'occupation britannique. Ensuite nous changerons de personnalité pour prendre la tournure d'esprit de quelqu'un qui voudrait pousser à l'évacuation de l'Égypte. Quand nous aurons examiné ce que les deux parties ont à dire, et que nous aurons critiqué leurs thèses avec plus ou moins de détails, le lecteur aura peu de peine à conclure.

Il faut avouer que le jingo a un argument

très fort en sa faveur, du moins il paraît très fort au premier abord. « L'Égypte, voyez-vous », dit-il, « se trouve sur la route de l'Orient, et si une puissance hostile à l'Angleterre la possédait, cela entraînerait la perte rapide de l'Inde. Je considère comme la clef de voûte de l'impérialisme britannique le maintien sous notre autorité de tous les points placés sur la route de l'Inde ou dans les environs ; et c'est pourquoi j'estime que puisque nous sommes en Égypte, nous devrions certainement y rester. »

Quelque effet que produise cet argument, il est permis de dire, sans parti-pris, qu'il ne résiste guère à un examen attentif. Pour commencer, l'Égypte ne se trouve plus sur la route directe de l'Inde, qui maintenant passe par le canal de Suez. Le jingo le plus invétéré n'a pas encore pris sur lui de proposer l'accaparement du canal de Suez neutralisé. Il ne peut même avec un semblant de raison déclarer que l'occupation de l'Égypte est nécessaire à assurer la libre navigation de la mer Rouge. Qu'il ait l'Égypte ou non, il doit bien savoir que la mer Rouge lui sera ouverte tant qu'il possèdera la puissance navale dominante. Si sa puissance navale avait le dessous, il pourrait occuper l'Égypte et aussi l'Arabie, sans oser s'aventurer sur la mer Rouge. Il doit voir que ce même argument le forcerait de plus à annexer toute la côte septentrionale de l'Afrique; il aurait en outre à devancer les Allemands et les Français au Maroc et à chasser les Français de Tunis et d'Alger. Il serait excessivement dangereux pour lui de laisser hisser le drapeau d'une autre nation sur une seule île de la Méditerranée. Mais il a longtemps montré qu'il ne tient pas cette idée pour sérieuse. Il sait très bien que pour être maître de la Méditerranée, il ne suffit pas de détenir une bande de littoral ou une autre, mais qu'il faut entretenir une flotte inattaquable. Nous n'avons guère besoin de rappeler l'histoire des prépondérances passées dans la Méditerranée, pour montrer qu'elle n'a jamais été gouvernée par les puissances qui possédaient les plus grandes étendues des côtes environnantes. Les Arabes, en dépit du fait que pendant des siècles ils occupèrent les rivages à l'est, au sud et à l'ouest, et qu'ils étaient forts en Sicile et en Crète, ne purent jamais molester sérieusement le trafic méditerranéen sauf par des expéditions corsaires isolées. Il en fut ainsi parce qu'ils n'avaient pas de pouvoir naval organisé. Les croisades purent venir et s'en aller sans dommage, et le commerce européen ne fut jamais forcé d'abandonner les grands chemins aquatiques. Mais il est inutile de remonter à une époque si ancienne, alors que l'histoire des temps modernes nous fournit assez de précédents. Nous avons l'exemple classique de l'expédition napoléonienne de 1798-99, à laquelle nous avons déjà si souvent fait allusion. C'est une preuve suffisante par elle-même que la simple occupation de l'Égypte sans la possession de la mer, ne sert à rien. Cette expédition montra, que tant qu'une autre puissance tient la Méditerranée, l'occupation prolongée de l'Égypte est impossible. D'autre part l'Égypte n'a pas une valeur particulière pour le maintien de la supériorité navale. Nous pouvons nous rappeler qu'au dix-huitième siècle, quand l'Angleterre ne possédait aucun point d'appui dans la Méditerranée sauf Gibraltar, toute la mer était néanmoins à elle grâce à l'importance de sa flotte. De nos jours, la vapeur a remplacé la voile, aussi est-il nécessaire d'avoir plus de bases navales ; mais l'Angleterre sous ce rapport est amplement pourvue avec Gibraltar, Malte et Chypre, et l'abandon de Corfou semblerait prouver que même Malte et Gibraltar pourraient lui suffire. Pour résumer cette réplique aux arguments du jingo, nous pouvons dire brièvement que tant que la puissance navale de l'Angleterre sera prépondérante dans la Méditerranée, elle est absolument sûre d'avoir libre accès à l'Inde. Si sa supériorité navale par quelque calamité imprévue était vaincue, la conservation de l'Égypte deviendrait impossible, et serait en tout cas une compensation vaine.

D'autre part, on ne peut prétendre que des avantages commerciaux poussent l'Angleterre à retenir ou à consolider son autorité sur l'Égypte. Tout ce que l'Angleterre demande, c'est le libre échange avec ce pays, et elle peut l'obtenir par d'autres moyens qu'une occupation énergique. L'évacuation de l'Égypte n'impliquerait pas du tout l'accroissement de la rivalité commerciale. L'Angleterre a maintenu jusqu'ici sa supériorité commerciale grâce à la supériorité de sa marine marchande. C'est par la puissance de cette flotte qu'elle a jusqu'ici tenu le premier rang dans le commerce égyptien, et non parce qu'elle est la nation privilégiée.

L'Égypte continuera à être une cliente importante dans les marchés anglais pendant des années à venir, non pas à cause de l'influence excessive des Anglais, mais parce qu'elle y trouve les articles qui répondent le mieux à ses besoins et qu'elle peut les acheter au prix le plus raisonnable. On ne peut dire que la question commerciale influence en aucune façon les conditions politiques.

Le partisan de l'évacuation doit se demander quels sont les motifs qui ont jusqu'ici poussé les Anglais à tenir l'Égypte d'une étreinte si forte.

Il ne réussit pas à voir quels grands avantages l'Angleterre en récolte. L'Égypte sans doute fournit des emplois à deux ou trois cents serviteurs et fonctionnaires civils anglais, mais il serait absurde de supposer que la politique d'un grand empire repose sur une considération si minime. Quelles sont donc les causes réelles de cette conduite? Nous avons vu que l'évacuation n'entraînera aucune perte stratégique ou commerciale; il n'y a pas une puissance européenne désireuse ou capable de saisir la position si elle était laissée vacante par l'Angleterre. La France a déclaré verbalement que ses intérêts sont ailleurs, et nous avons en outre démontré que la France ne pouvait en aucun cas avoir de sérieux desseins sur l'Égypte et que, si elle en avait, il lui faudrait pour leur réalisation l'anéantissement préalable de la puissance navale anglaise. Nous avons dit également que l'Allemagne n'est pas à craindre, et quant aux moindres puissances, on peut sous ce rapport les négliger. Qu'est-ce qui engage donc l'Angleterre à rester?

Est-ce qu'elle peut être hantée par le rêve de Rhodes : l'espoir de voir l'autorité anglaise établie d'une façon permanente du Cap au Caire? Il est tout naturel qu'elle nourrisse un tel dessein ; et personne ne s'attend à ce qu'elle le mette de côté.

Cependant, il y a plus d'un moyen d'atteindre un but. Il ne s'ensuit pas que la ligne de l'empire britannique du Cap au Caire doive consister en territoires amenés par l'écrasement à l'obéissance passive envers la couronne d'Angleterre. Le gouvernement britannique a toujours reconnu cet axiome que ses possessions impériales peuvent être de natures variées. L'Angleterre a ses colonies confédérées, comme le Canada ou l'Australie, qui ne sont attachées à elle que par les liens du sentiment ; ses provinces comme l'Inde ; d'autres à divers degrés de protectorat ; et même comme dans l'Inde, ce que nous pouvons appeler ses alliés impériaux lui sont fermement attachés, mais sur un pied d'égalité.

Pourquoi l'Égypte ne rentrerait-elle pas dans

cette dernière catégorie ? C'est grâce à la tutelle de l'Angleterre qu'elle est devenue apte à prendre cette position, et l'Angleterre lui refuserait-elle la capacité de jouer le rôle pour lequel elle l'a elle-même élevée ? Libre, mais sous les yeux de l'Angleterre qui l'entoure de tous côtés, l'Égypte serait aussi profitable à l'Angleterre, plus fidèle si la fidélité était nécessaire, et en tout cas dans l'impossibilité de nuire. Nous expliquerons dans une autre partie de ce livre la position véritable qu'à notre avis l'Égypte libérée doit occuper.

Quand nous parlons d'évacuer l'Égypte, nous ne parlons pas de l'abandonner. Nous avons montré d'une façon concluante qu'il n'est donné à aucune puissance européenne de prendre la place laissée libre par l'Angleterre, et que les sources possibles de danger futur pour l'Angleterre se réduisent par conséquent à l'Égypte elle-même. Quelques mots suffiront à prouver que si l'Égypte était libre, elle ne pourrait jamais songer à prendre une attitude hostile vis-à-vis de l'Angleterre : Si elle le faisait, le résultat ne tarderait pas à être fatal pour elle-même. Dans le cas où l'Angleterre retirerait sa garnison de l'Égypte, garnison qui même actuellement a été réduite presque à une quantité négligeable, l'Égypte resterait toujours sous le contrôle absolu de l'Angleterre, si des circonstances fâcheuses survenaient. L'Égypte est déjà arrêtée de deux côtés par la mer, tandis qu'à l'ouest elle a une frontière encore plus effective dans le désert. Un seul côté reste sans barrière naturelle, et c'est la limite méridionale vers le Soudan.

Quand nous parlons de l'Angleterre mettant fin à son occupation de l'Égypte, qu'il soit bien entendu que nous ne suggérons pas même un instant qu'elle devrait aussi évacuer le Soudan. Pareil acte serait tout à fait hors de question, et aucun ministre ne pourrait l'envisager pendant un seul moment. Mais l'Angleterre au Soudan se trouve dans une situation toute différente de celle qu'elle occupe en Égypte. Le Soudan est à elle par le meilleur droit, celui de conquête. Il est tout à fait

anglais. Nous n'avons pas l'intention, naturellement, de négliger le fait que le Soudan est
nominalement sous le *condominium* de
l'Égypte et de la Grande-Bretagne, mais ce *condominium* est une formalité vaine qui ne recèle
certainement aucune fausse position. Quelques
négociations avec le gouvernement égyptien,
et l'affaire pourrait être transcrite sans laisser
de marge à l'ambiguïté. Il n'y a aucune difficulté à prévoir. On a reconnu depuis longtemps
diplomatiquement que l'Angleterre en est la
seule propriétaire. Le fait fut, sinon formellement, car on ne le jugea guère nécessaire, au
moins effectivement admis par la France. On se
souvient encore des négociations entre Lord
Salisbury et le gouvernement français pour la
délimitation des domaines et des sphères d'influence français et anglais dans l'Afrique centrale. Les immenses concessions territoriales
de Lord Salisbury aux Français, la remise
des Wadaï, qui leur fut faite, ne sont point oubliées. Si le Soudan n'avait pas été la pro-
priété reconnue du gouvernement britannique,

il eût été impossible au gouvernement français d'admettre le droit pour le représentant de la Grande-Bretagne de vendre la frontière du Soudan ; si le Soudan était en réalité un *condominium* anglo-égyptien, il serait impossible de faire quoi que ce soit le concernant sans compter avec le gouvernement égyptien. Mais le gouvernement français ne souleva jamais la moindre difficulté sur ce point, et par là il reconnut la validité du droit britannique.

Les Égyptiens, il est vrai, prirent part à cette conquête ; leur conduite a besoin de quelques éclaircissements. La destruction de la puissance du Mahdhisme était, il est presque inutile de le dire, une affaire de la plus haute importance pour l'Égypte. Tant que Khartoum se dressait là, la frontière du sud de l'Égypte était toujours dans les transes et constamment en danger d'invasion. Les routes commerciales vers l'Afrique équatoriale étaient barrées, et ainsi l'une des plus légitimes sources de profit de l'Égypte était tarie pour elle. La Grande-Bretagne avait d'autres raisons pour souhaiter la démolition de la grande forteresse mahdhiste, outre son intérêt à soutenir le commerce égyptien, auquel elle participerait dans une large mesure naturellement. Le poids de la puissance du Mahdhi se faisait aussi très désagréablement sentir dans l'hinterland des colonies britanniques de l'Afrique occidentale, et gênait beaucoup leur développement. On a affirmé positivement que des proclamations mahdhistes furent trouvées placardées aussi loin à l'ouest que Bénin et Kumassi. En fait, tout le commerce de l'Afrique centrale et équatoriale était ou arrêté ou rendu excessivement périlleux.

C'est grâce à l'initiative du gouvernement britannique et malgré l'énergique opposition de la France et de la Russie que l'expédition d'Omdurman fut mise sur pied. Nous avons déjà eu l'occasion de montrer comment l'Angleterre s'assura l'appui de l'Italie pour obtenir un vote de 500.000 livres sterling de la *Caisse égyptienne*. Mais nous n'avons pas encore fait ressortir l'usage que l'Angleterre fit de ce vote.

L'Angleterre n'eut pas plus tôt assuré le vote, que la France et la Russie se mirent à l'œuvre pour le faire casser par les tribunaux égyptiens. C'est ainsi que la campagne du Soudan fut faite par le trésorier payeur général anglais. Il est peu important que l'on ait employé des troupes égyptiennes ou des troupes anglaises. Les troupes égyptiennes étaient certainement bien appropriées à cette besogne et se distinguèrent beaucoup au cours de la campagne, ce qui est tout à leur honneur. Le fait qui reste, c'est que la campagne fut de conception anglaise, faite avec l'argent anglais et menée à bien par la stratégie anglaise. Il ne faut donc pas d'effort d'imagination pour appeler le Soudan une conquête anglaise.

Examinons maintenant l'importance du Soudan comme possession britannique. Si le Soudan fut très avantageusement soumis en se servant de l'Égypte comme base d'opérations, il faut se rappeler que depuis sa conquête il est aussi accessible par derrière, et devient chaque jour plus accessible encore. A l'avenir le passage par l'Égypte, bien que commode, ne sera pas nécessaire, de sorte qu'une garnison britannique à Khartoum ne peut être privée de vivres et de renforts au gré de l'Égypte. Mais on doit voir que l'Angleterre, avec l'empire de la mer et une force au Soudan, tient les destinées de l'Égypte entre ses mains, même en mettant à part toute question d'intérêts mutuels, qui seraient assez forts par eux-mêmes pour assurer la paix ; néanmoins, les Égyptiens ne pourraient jamais se risquer à encourir l'inimitié de l'Angleterre qui pourrait les tenir dans un isolement complet.

L'importance capitale du Soudan pour l'Égypte a été reconnue presque depuis les temps où nous reportent les annales humaines. C'est le seul objectif pour lequel les Pharaons égyptiens combattirent avec une inlassable persévérance ; et ils furent sans doute influencés exactement par les mêmes motifs qui inspirèrent aux Égyptiens de nos jours le désir de briser la puissance du Mahdhisme. La vie de l'Égypte tient, pour ainsi dire, à un fil, et ce fil c'est le

Nil; et la puissance qui a l'autorité dans le Nil supérieur tient en même temps l'Égypte subjuguée. Détournez le Nil, et l'histoire de l'Égypte est changée pour toujours.

Nous sommes maintenant amenés à deux conclusions : l'évacuation de l'Égypte ne peut provoquer aucun dommage pour le commerce britannique ; elle n'entraîne aucun danger stratégique pour l'Angleterre, soit de la part des puissances continentales, soit de l'Égypte elle-même. Aucun principe n'empêche l'Angleterre de se retirer, puisqu'elle s'est déjà retirée avec honneur et avantage d'autres positions. Nous ne devons donc pas prendre au sérieux le cri jingo de : « j'y suis, j'y reste. »

Nous avons déjà examiné l'impérialisme britannique en général, et nous l'examinerons de nouveau afin de trouver d'autres exemples de l'Angleterre placée dans des situations précisément semblables à celle qu'elle doit envisager en Égypte. Et nous verrons encore si les solutions qu'elle a adoptées ne sont pas exactement pareilles à celle que nous suggérons comme devant ultérieurement lui paraître s'appliquer au cas de l'Égypte.

Si nous regardons une carte coloriée de l'Inde, nous remarquons que de vastes étendues de pays sont indiquées comme des principautés indépendantes sous l'autorité de potentats indigènes.

En général, celles-ci occupent une situation en tous points analogue à celle de l'Égypte en cas d'émancipation. Elles sont entièrement ceintes de territoires placés sous l'autorité anglaise, et bien que les Anglais, pour divers motifs politiques, n'aient pas jugé bon de les conquérir, leur bonne conduite, elles le savent pertinemment, est la seule condition de la conservation de leur indépendance.

Comme récompense de l'évacuation, l'Angleterre aura la satisfaction de se dégager d'une fausse position qui a été certainement jusqu'ici une sérieuse entrave pour elle dans ses démêlés diplomatiques. C'est à cela qu'elle a dû de payer si cher les avantages qu'elle a pu retirer des négociations auxquelles elle a pris part.

Nous ne voulons pas mettre en doute la

valeur de l'entente cordiale actuelle avec la France, mais on est tenté de demander quel grand avantage l'Angleterre a tiré, après tout, de l'abdication par la France de ses intérêts en Égypte? Si l'Angleterre méditait l'occupation violente de l'Égypte, peut-être lui était-il agréable de savoir que son action ne soulèverait aucun ressentiment de la part de la France, et que les Français ne mettraient aucun obstacle sur son chemin. Nous avons invoqué de bonnes raisons de croire qu'une pareille occupation, même si on pouvait l'obtenir sans embarras, sans résistance, ne serait rien moins que profitable à l'Angleterre. Mais le traité de Paris du 8 avril 1904 nous empêche expressément de supposer que les hommes d'état anglais aient cette action en vue. Les termes de l'accord anglo-français sont très précis sur ce point, et l'Angleterre déclare qu'elle ne projette aucune modification des conditions existantes en Égypte. Quelle était donc la valeur si grande de la renonciation française?

D'autre part, les Français ont eu soin de se

faire récompenser largement de leurs assurances polies de ne pas intervenir en Égypte. Sans doute de récents écrivains sont arrivés à une idée exagérée de la valeur des intérêts anglais au Maroc. Nous avons déjà montré qu'au point de vue commercial, l'Allemagne a plus d'intérêts dans ce pays qu'aucune autre nation européenne. Les Anglais, en tout cas, avaient de plus grands intérêts commerciaux que les Français, et il est impossible de dire jusqu'où on aurait pu les pousser. Le Maroc est un pays jusqu'ici imparfaitement connu et donnant de grandes probabilités de richesses. Il n'y a aucune objection à ce que l'Angleterre consente à retirer toutes ses prétentions à une part de ces richesses, et à ce qu'elle permette à la France de faire plus tard, de ce pays, une autre réserve fermée comme l'Algérie, en supposant que l'Angleterre signifie par là quelque avantage diplomatique en retour. En diplomatie, la générosité est en règle générale tout à fait déplacée. C'est le jeu d'un prêté pour un rendu, et si vous donnez plus que vous ne recevez, cela n'augmente en aucune façon votre crédit diplomatique. Il semblerait donc que l'Angleterre, en se retirant du Maroc, où elle a cherché pendant des années des débouchés commerciaux avec beaucoup de succès, a cédé un bon actif, qui aurait pu devenir excellent, en échange de ce qui n'est guère plus qu'une formalité. L'évacuation de l'Égypte sauverait certainement l'Angleterre de la répétition d'un si pauvre geste diplomatique.

Toutefois ce n'est pas des désavantages en politique internationale, conséquence de la fausse position occupée par l'Angleterre en Égypte, que nous voudrions parler, mais des inconvénients qu'elle rencontre dans l'Égypte même. Le fait que les fonctionnaires anglais exercent des pouvoirs très réels en Égypte, mais que leur droit ne repose sur aucune base solide ou au moins présentable, et que leur situation ne peut être soutenue par aucun appel à l'autorité, les rend immédiatement sujets à d'innombrables vexations. A plusieurs reprises, des fonctionnaires anglais, amenés à justifier leur situation, ont été forcés de s'aplatir. En maintes circonstances, des fonctionnaires anglais ont été relevés de leurs charges sans motif particulier, ou n'ont pas réussi à obtenir des positions en dépit de recommandations venant des plus hautes personnalités; et tout ceci parce qu'on désirait éviter de créer des troubles sérieux. Nous avons déjà dit que si jusqu'ici les choses ont continué à marcher sans à-coup, c'est principalement grâce au tact infaillible et impeccable de Lord Cromer. Mais une position dont le maintien dépend du tact est en elle-même fausse. Quelque préférence qu'on ait pour que tout soit fait avec tact, il vient des moments dans toute politique où l'on est contraint à se faire valoir. En Égypte, il faut cacher ces incidents tant bien que mal. Les gens qui ont eu personnellement affaire au gouvernement égyptien savent bien que ces situations gênantes se présentent quotidiennement. Les Anglais n'ont sur papier aucune position reconnue dans le gouvernement égyptien, et à l'exception du poste de conseiller financier, il n'y en a pas qui doive être occupé par un Anglais ; et cependant dans les principaux offices du gouvernement les Anglais dominent. Mais ils ne sauraient dire pourquoi ils y sont.

Cette nécessité d'éviter de dire les choses directement, cette crainte de proclamer ce qui est un fait, mais qui reste inconnu, cette hésitation à définir sa position réelle, telle qu'elle naît presque chaque jour, ne semblent pas dignes du gouvernement d'un grand empire. Pourquoi ce recours constant au subterfuge, qui, à la longue, ne peut manquer de devenir répugnant ou dégradant pour les caractères francs ? Mais malheureusement cette fausse position est coupable de résultats plus graves que de simples inconvénients momentanés, si décourageants que puissent être ces derniers. Elle a donné à la politique britannique en Égypte une hésitation indigne qu'il a fallu payer très cher, et elle a placé l'Angleterre sous l'ombre d'une suspicion qui, nous en sommes certains, est sans fondement, mais qui n'en est pas moins sombre. Nous faisons allu-

sion naturellement à la politique tragique qui
conduisit à la mort malheureuse du général Gordon, embellie par une héroïque fermeté de
propos. Les ennemis de l'Angleterre ont dési-
gné cet abandon comme l'une des actions les
plus viles de ses intrigues machiavéliques ; ils
l'ont regardé comme froidement prémédité pour
donner à l'Angleterre l'occasion de proclamer
la nécessité d'un protectorat anglais. On peut
en toute confiance démentir directement une
interprétation si sinistre dont le gouvernement
britannique et M. Gladstone étaient tout à fait
incapables : mais on ne peut que regretter la
politique qui permet de faire de pareilles accusations avec la moindre vraisemblance. Le journal de Gordon nous guide dans ce mystère. Il
note, en tous cas, les pressantes demandes de secours, les appels à l'aide qui ne vint jamais. L'envoi d'une colonne de secours de 2.000 hommes
ne pouvait offrir aucune difficulté au gouvernement britannique ; mais si nous comprenons
l'affaire, on gaspilla le temps à discuter qui en-
verrait les secours, qui supporterait ces dé-

penses insignifiantes ; car le gouvernement anglais, à cause de sa fausse position, ne voulait pas agir de sa propre initiative. Il est clair après les plus simples réflexions, qu'une position fausse mettant le gouvernement d'un grand pays dans la possibilité de causer de tels désastres, devrait être abandonnée à tout prix et aussitôt que possible.

Après examen de l'impérialisme britannique, tel qu'il s'est développé dans toutes les parties du globe, nous pouvons considérer comme acquis que l'occupation permanente de l'Égypte par l'Angleterre ne forme pas nécessairement partie de l'impérialisme britannique. Nous avons montré au contraire que l'évacuation ne pouvait impliquer aucun danger, et que l'Égypte resterait, quoique indépendante, dans le cercle de la puissance britannique par mer et par terre, fait qui serait une garantie suffisante de sa bonne conduite future.

L'évacuation britannique, pourrait-on dire, serait sans doute avantageuse, et l'occupation complète de l'Égypte par la Grande-Bretagne,

il ne faut pas une grande perspicacité pour le
voir, entraînerait toutes sortes de difficultés,
pourrait même finir dans une guerre sérieuse,
et en tout cas ne serait d'aucun profit.

Quels sont les maux criants de la situation
actuelle ? Nous avons déjà vu les nombreuses
vexations que l'Angleterre a dû supporter dans
sa diplomatie, et aussi les rancœurs et les
désagréments multiples qui sont l'accompagne-
ment constant de son autorité mal définie.
Maintenant, nous allons cependant entrer dans
les détails de divers autres inconvénients et
désavantages qui nous fourniront une multitude
de nouveaux arguments donnant le droit de
maintenir que l'évacuation proposée n'est, au
strict point de vue britannique, ni si absurde,
ni si nuisible que des pessimistes anglais vou-
draient le faire croire.

L'un des maux les plus criants de l'Égypte
actuelle se trouve sans aucun doute dans tout
le système, ou plutôt le manque de système de
juridiction. Notre intention n'est pas d'insister
sur de simples inconséquences de forme, ni

de nous baser sur les contradictions logiques du présent état de choses. Nous ne voudrions insister que sur les faits en eux-mêmes, et faire ressortir l'immense tort matériel causé, non seulement à l'Angleterre mais à l'Égypte, par la confusion complète qui règne dans l'application de ses lois. Là où on ne peut obtenir une administration de la justice rapide et toujours prête, les gens ne se fient pas les uns aux autres, la confiance et le crédit sont faibles, et les mauvais effets ne sont pas longtemps à se faire sentir sur le commerce, qui est lentement paralysé par ce manque de confiance.

L'étranger passant par l'Égypte voit peu les nombreux obstacles et embarras qui gênent le cours de la justice : seul celui qui a résidé longtemps dans le pays sait combien il est difficile, sinon impossible, de faire rendre des comptes au coupable. Et malheureusement l'Égypte est un pays où la profession de délinquants ne doit pas être déguisée.

Ce n'est certainement pas par manque de tribunaux que la justice fait défaut en Égypte ;

les sources de justice sont, en effet, si nombreuses que finalement, on n'en obtient fréquemment aucune. Comme on le sait, l'Égypte,
pour quelque raison inexplicable, est encore en
dehors du comité des nations. C'est-à-dire
qu'on la prive toujours de ce qui est presque
universellement reconnu comme l'un des principaux attributs du pouvoir souverain, à savoir
le droit de s'occuper elle-même de sa justice.
Les consulats en Égypte sont en même temps
des cours de justice devant lesquelles sont
jugés les étrangers de chaque nationalité particulière. Outre la juridiction consulaire, il y a
les tribunaux mixtes pour le jugement des
affaires entre indigène et étranger ou entre
étrangers de différentes nationalités ; et la composition de ces tribunaux est un autre germe
fertile de confusions. Le nombre et l'attribu-
tion des sièges et l'appel à toute espèce de
système de lois compliquent, à un degré exaspé-
rant, la branche d'administration qui est peut-
être la plus importante de toutes, dans les actes
de la vie pratique, et dont les premières

exigences sont une claire définition sans ambiguïté possible.

Nous avons essayé, dans cet ouvrage, d'éviter tout mauvais vouloir, et nous ne voudrions pas que l'on nous soupçonnât de cacher
quelque malin plaisir de ce que nous pouvons
montrer le manque de justice en Égypte
comme une conséquence de la mauvaise administration britannique. Bien que cette accusation ait été fréquemment portée contre les
Anglais, elle n'a aucun fondement de vérité.
De même que les Anglais ont fait tous leurs
efforts pour simplifier et améliorer les finances
de l'Égypte, ils ont employé leur énergie pour
obtenir une meilleure administration de la
justice, mais dans ce dernier cas ils ont rencontré des obstacles qu'ils ne peuvent ni
surmonter, ni circonvenir. Et il faudrait être
bien hardi pour affirmer qu'on a remédié de
façon appréciable, à l'enchevêtrement complexe, et à la semi-anarchie de la juridiction.
En même temps, ce fait reste, basé malheureusement sur des statistiques sincères : le

crime en Égypte non seulement persiste, mais pendant ces dernières années a augmenté continuellement. Les nombreux résidents étrangers en Égypte, à part ceux employés dans quelque fonction, ne sont là pour la plupart que dans le but peu élevé d'accumuler le maximum d'argent dans le minimum de temps. Tous les moyens sont bons pourvu qu'ils aient un résultat pécuniaire important. En général, l'unique ambition de ces étrangers est d'accumuler des fortunes rapidement : opération qui ne se fait qu'aux dépens d'autrui. Entre le conflit des juges et le conflit des lois, ces coureurs d'argent trouvent place pour voler chacun impunément. Leurs sombres pratiques ne sont pas facilement amenées devant la justice. Ils trouvent une multitude de meurtrières pour s'échapper entre les codes en désaccord et l'incertitude de leur administration. Le seul pouvoir en Égypte qu'ils aient quelque raison de craindre ou de respecter, c'est l'Angleterre, mais dans la majorité des cas la fausse position de l'Angleterre l'empêche d'intervenir avec une vigueur opportune ; les malfaiteurs sachant trop bien que l'Angleterre manque d'autorité pour s'emparer d'eux, profitent de cette connaissance jusqu'au bout. Et cet état de choses extrêmement peu satisfaisant continue d'année en année ; les tribunaux consulaires agissent avec une faiblesse ou une sévérité excessive et devant les tribunaux mixtes les codes se combattent ; loi anglaise, loi française, loi musulmane se mêlent dans une confusion indescriptible ; de nouveaux codes adoptés pour simplifier les affaires font tout le contraire ; et il semble n'y avoir aucune perspective de sortie de ce labyrinthe étourdissant.

Un seul procédé serait possible, et c'est l'abolition des juridictions consulaires et l'établissement d'une seule loi ; mais ce procédé renferme des difficultés innombrables et quelle main se risquera à l'entreprendre ? Trouver une loi modèle qui réponde aux exigences d'une population si complexe, ne serait pas en soi une entreprise facile. Comment trouver un système qui satisfasse les Égyptiens, les Anglais, les Français, les Italiens, les Turcs, les Juifs Levantins et les Grecs, sans parler de bien d'autres nationalités ? Et en admettant qu'on puisse trouver un pareil système, comme on le ferait sans doute, qui est chargé de faire les recherches, et qui fera accepter le système, une fois qu'il sera trouvé ? Plus formidable encore serait l'abandon de la juridiction consulaire (1).

Nous avons vu que le réglement des difficultés financières ne présenta pas d'aussi immenses difficultés, attendu que la majorité des obligations égyptiennes repose entre des mains anglaises ou françaises, circonstance qui réduit immédiatement la question à une question anglo-française. Le cas est tout différent pour la question de juridiction.

(1) En une des propositions récentes de retirer aux tribunaux consulaires leur juridiction criminelle et de la confier à la puissance protectrice, on ne saurait trop insister sur ceci, que tout en étant un *imperium et imperio* ces tribunaux sont les gardiens du *statu quo* tant que la situation de l'Égypte reste provisoire, et que, si les tribunaux consulaires étaient abolis, l'Égypte ne pourrait jamais arriver à l'autonomie suggérée dernièrement par Lord Cromer lui-même.

Les droits de justice que détiennent en Égypte les diverses nations ont pour base essentielle ce que tout le monde connaît sous le nom de capitulations; ce sont des traités entre les différentes nations, à titre individuel, et la Sublime Porte, qui est encore, nous l'avons montré, regardée comme la suzeraine actuelle de l'Égypte.

Ces traités malheureusement contiennent plus qu'une simple délégation de la part du sultan de certaines fonctions judiciaires; ils sont regrettablement compliqués par toutes sortes de clauses difficiles, traversés par toutes sortes de courants diplomatiques avoués ou non et, en vérité, c'est sur eux que tournent les intérêts des divers signataires dans la question d'Orient. Essayer d'y toucher serait pour l'Angleterre se mettre dans un guêpier, et il est peu probable qu'elle courtise ce danger. Cependant on ne peut arriver à une solution pratique des difficultés de juridiction sans abolir les capitulations. Même si elles étaient abolies, à qui confierait-on le pouvoir judiciaire concentré? Toute demande de l'Angleterre pour l'exercer rencontrerait sûrement une vive résistance. Ce problème est beaucoup plus compliqué que le problème financier, puisque certains peuples comme les Italiens et les Autrichiens, dont la position comme obligataires n'est pas importante, sont par le nombre de leurs sujets établis en Égypte, profondément intéressés dans le problème judiciaire.

On ne peut prévoir, ou se laisser aller à l'espoir que l'affaire pourrait être arrangée d'une façon satisfaisante ou à l'amiable par une conférence de toutes les parties intéressées. Nous ne pouvons pas davantage attendre une conférence pour l'unification de la loi, en formant un seul code uniforme, qui serait applicable à tous les cas et dont toutes les nationalités seraient justiciables. Une pareille conférence aurait affaire, évidemment, au plus ardu des problèmes légaux ; elle serait forcément désunie sur des points d'intérêt national et serait encore plus contrariée par les désaccords religieux. Sous ces conditions, elle serait pour ainsi dire prédestinée à l'échec et à l'inutilité.

La question n'admet qu'une solution, la seule qui soit satisfaisante.

Il faut que l'Égypte soutienne sa cause de ses propres mains, qu'elle demande ou mieux qu'elle exige son admission dans le comité des nations. Il est en effet inexplicable que l'Égypte ait si longtemps été exclue des droits accordés à la république nègre de Saint-Domingue et à la petite monarchie de San Salvador. Assurément l'Égypte est aussi capable de faire de bonne justice que ces deux États. Ses habitants sont bien élevés et instruits, grâce à ses excellentes écoles ; bref, ils jouissent de tous les privilèges de la civilisation occidentale. Pourquoi donc leur défend-on d'exercer des droits que l'on ne refuse même pas à la république nègre ?

Pendant que nous simplifions par la discussion les autres difficultés qui compliquent et obscurcissent le problème de l'avenir de l'Égypte, nous avons évité toute remarque touchant l'un des points les plus délicats et les plus compliqués qui devront être réglés comme étape préliminaire à tout changement des conditions politiques de l'Égypte. Les affaires que nous avons traitées jusqu'ici se rapportaient à l'Égypte considérée au point de vue plus large de la politique européenne. Nous avons montré comment chacune des grandes puissances était plus ou moins indifférente à la solution du problème égyptien, en supposant que cette solution ne devait pas avoir d'influence sur le cours futur de son propre développement. Des Égyptiens indigènes eux-mêmes, nous avons eu jusqu'ici très peu à dire. Notre silence sous ce rapport ne doit pas faire croire que nous nous désintéressions de leur destinée, mais il doit servir à indiquer l'opinion qui est, en effet, universellement reconnue, que les droits égyptiens ne seront dûment reconnus que lorsqu'il sera prouvé que l'affirmation de ces droits ne va en aucune façon à l'encontre des intérêts internationaux de l'Europe.

Au point de vue politique, nous avons montré qu'aucune puissance européenne n'est directement intéressée à maintenir le *statu quo* en Égypte. Nous avons montré que l'Angleterre ne tirerait aucun profit d'une occupation qui supprimerait finalement tout prétexte d'indépendance égyptienne ; nous avons de plus démontré de quels graves inconvénients la position anormale actuelle de la Grande-Bretagne est remplie, et nous avons continué à montrer qu'une évacuation serait non seulement compatible avec la politique britannique et avec l'honneur, mais en fait fortifierait la position politique de l'Angleterre, rendue actuellement si précaire en raison de sa fausse situation.

Nous arrivons maintenant à la discussion du côté financier dans lequel les Égyptiens indigènes sont directement intéressés ; c'est-à-dire que, tandis que nous fûmes forcés de négliger leurs intérêts personnels dans la discussion de la politique internationale quand ils ne se faisaient pas sentir directement, en traitant la question des finances égyptiennes, nous pourrons avec profit faire entrer en ligne de compte les intérêts des indigènes.

Nous en venons d'abord à la *Caisse*. Mais le lecteur sait sans doute qu'en conséquence des modifications introduites par le dernier traité avec la France, la *Caisse* occupe aujourd'hui une position toute différente de celle qu'elle occupait il y a quelques mois. Afin de montrer la modification qu'elle a subie, nous ne pouvons faire mieux que de citer les paroles du marquis de Lansdowne, ministre britannique des Affaires étrangères, dans une lettre à l'ambassadeur britannique à Paris, renfermant le traité du 8 avril 1904.

Il commence par une revue de ce que les Anglais ont fait pendant ces dernières années en Égypte et continue : « Mais alors que ces progrès ont, en fait, rapidement modifié la situation internationale en Égypte, le système financier et administratif qui prévaut est une survivance d'un ordre de choses qui n'existe plus et qui n'est pas seulement démodé, mais plein d'inconvénients pour tous les intéressés. Il est basé sur les stipulations très soignées et compliquées de la loi de liquidation de 1880, et la Convention de Londres de 1885. Avec les améliorations financières et matérielles de l'Égypte, ces clauses sont devenues un obstacle au lieu d'une aide pour le développement des ressources du pays. Les froissements, les inconvénients et les pertes réelles pour le trésor d'Égypte que ce système a occasionnés, ont été notés en maintes circonstances par Lord Cromer dans ses rapports annuels. Il est bien décrit dans le passage suivant qui se rencontre dans le livre classique sur l'Égypte de Lord Milner.

« Le spectacle de l'Égypte avec son trésor plein d'argent, n'ayant cependant pas le droit de se servir de cet argent pour un objet qui, d'après un calcul modéré, ajouterait 20 pour 100 à la richesse du pays, est aussi affligeant que ridicule. Chaque année qui s'écoule montre plus visiblement l'injustice qu'il y a à maintenir, dans cette époque de solvabilité assurée, les restrictions imposées à la liberté financière du gouvernement égyptien lors d'une époque de banqueroute ; restrictions justifiables alors, mais injustifiables maintenant. Personne ne s'opposerait à la continuation de l'arrangement par lequel certains revenus sont payés d'abord à la *Caisse de la dette*. Mais tant que ces revenus suffisent à couvrir l'intérêt de la dette et à pourvoir à tout fonds d'amortissement que les puissances peuvent juger nécessaire, la balance devrait être simplement transmise au gouvernement égyptien pour en faire ce qui lui plairait, et l'antique distinction de dépense « autorisée » ou « non autorisée » disparaîtrait. Aucune réforme n'est plus nécessaire que celle-ci, si le pays doit tirer les plus grands bénéfices possibles de la situation meilleure de ses finances, qui a été obtenue par des privations si sévères.

« Les fonctions de la *Caisse*, limitées, à l'origine, à la réception de certains revenus assignés pour les obligataires, sont dans la pratique devenues beaucoup plus étendues. Ses membres ont réclamé de la part des puissances de l'Europe le contrôle de l'exécution convenable par le gouvernement égyptien de tous les arrangements internationaux compliqués, concernant les finances du pays. Leur assentiment est nécessaire pour l'usage d'un emprunt quelconque, et tous les revenus assignés leur sont payés directement par les administrations de perception sans passer par le ministère des Finances. De la même façon les recettes des chemins de fer, des télégraphes et du port d'Alexandrie, administrées par un conseil composé de trois membres, un Anglais, un Français et un Égyptien, sont versées à la *Caisse*, déduction faite des dépenses.

« L'inconvénient des arrangements que je viens de décrire n'a pas été contesté par le gouvernement français, lequel s'est montré tout disposé à chercher avec nous les moyens de mettre le système d'administration financière en accord plus intime avec les faits tels qu'ils se présentent maintenant. »

On ne saurait établir plus clairement les fonctions prises par la *Caisse* jusqu'à ces dernières années. On ne peut nier qu'elle a longtemps persisté à exercer ces fonctions quand leur justification la plus légère avait disparu. Mais il est moins facile d'analyser le rôle joué par l'Angleterre pour maintenir la position réellement insoutenable de la *Caisse*, à moins que nous ne rappelions encore au lecteur les intérêts plus larges de la politique européenne à laquelle nous nous sommes reportés. auparavant. Il est clair que l'Angleterre ne pouvait, sans éveiller immédiatement l'hostilité de la France, prendre l'administration de la *Caisse* dans ses mains.

Elle avait toujours montré son désir d'éviter de faire de la question égyptienne un *casus belli* ; dans ces conditions, le seul moyen de mettre fin au contrôle international vexatoire, bref, de faire de la question internationale égyptienne une question entre l'Angleterre, la France et l'Égypte, ou mieux encore, entre l'Angleterre et l'Égypte, était de permettre aux Égyptiens de se délivrer aussitôt que possible de la dette. Il est évident que cela n'aurait pu s'effectuer rapidement, mais, en même temps, cela aurait privé l'Angleterre de toute raison plausible pour rester en Égypte ; et tant qu'on soupçonnait la France du dessein de supplanter l'Angleterre, il était excessivement important pour cette dernière de rester.

Il en résulte que ce n'était pas l'intérêt politique de la Grande-Bretagne de permettre aux richesses de l'Égypte de s'accroître trop vite. La citation de Lord Lansdowne a déjà montré comment les finances égyptiennes étaient gênées et embarrassées soit par l'étroite fermeture de la *Caisse*, soit par sa constante intervention inquisitoriale dans tous les coins et recoins des affaires d'argent égyptiennes. Mais les progrès de l'Égypte furent encore retardés par une autre méthode que nous avons déjà notée rapidement, et à laquelle nous reviendrons encore ; c'est le maintien du *tribut turc*. C'est ainsi que l'Égypte était annuellement drainée de près de 700.000 livres sans raison valable ; car nous ne pouvons croire sérieusement que ce fort paiement était maintenu par simple respect moral pour le lien insignifiant de suzeraineté. La coutume fut certainement conservée parce qu'elle correspondait directement aux intérêts politiques de l'Europe. Toutes les puissances désirèrent longtemps rester en Égypte ; nous avons vu que c'est la nouvelle orientation survenue récemment dans la politique européenne qui a causé leur indifférence. Le désir de l'Angleterre a toujours été, avec la coopération de la France, de diminuer peu à peu les autres influences étrangères jusqu'à ce que la question égyptienne cessât complètement d'être internationale.

C'est la même politique que l'Angleterre a poursuivie en matière de juridiction ; et c'est grâce à ses efforts que les fonctions des tribunaux mixtes ont été limitées. L'initiative anglaise amena l'établissement (1884-1899) des tribunaux indigènes, actuellement au nombre de 46, qui ont la juridiction civile dans les affaires ne dépassant pas 100 livres égyptiennes, et la juridiction criminelle pour les délits punissables d'amende ou d'une période d'emprisonnement jusqu'à trois ans.

Il est bien évident que si on avait laissé

l'Égypte poursuivre le cours de son développement sans empêchement ni obstacle, si on lui avait laissé l'entière jouissance et la disposition de ses finances, sans aucune diminution arbitraire, — elle ne serait pas restée longtemps endettée, et une aussi stricte surveillance n'aurait pas été justifiée. Il y aurait eu peu d'excuse pour la tenir en tutelle; et cependant la défiance réciproque des puissances aurait rendu l'évacuation excessivement dangereuse pour la paix européenne.

Aujourd'hui tout est radicalement changé.

Nous ne pouvons encore mieux faire que de citer la propre déclaration de Lord Lansdowne : « On a pu voir depuis longtemps, écrit-il, que dans l'intérêt de toutes les parties, il était désirable d'introduire des modifications considérables dans les arrangements internationaux établis en Égypte pour la protection des obligataires étrangers. » Le nouveau décret khédivial, annexé à la déclaration et accepté par le gouvernement français, s'il est accepté par les autres puissances intéressées, aura pour effet de donner, au gouvernement égyptien, toute liberté pour disposer de ses propres ressources, tant que le règlement ponctuel des intérêts de la dette sera assuré. La *Caisse de la dette* existera toujours ; mais ses fonctions seront strictement limitées à la réception de certains revenus assignés aux obligataires et au paiement du coupon. La *Caisse*, aussitôt que le décret sera en voie d'exécution, n'aura pas le droit ni l'occasion d'intervenir dans l'administration générale du pays. Les sources de revenus assignés aux services de la dette ont aussi été changées, et l'impôt foncier a été substitué aux droits de douanes et aux recettes des chemins de fer. L'arrangement aura cet avantage pour les obligataires, que leurs droits seront assurés par le fonds le plus stable et le plus certain des revenus égyptiens, qui montre une tendance constante à l'accroissement. D'autre part, le gouvernement égyptien ne sera plus entravé dans l'administration des douanes et des chemins de fer, et comme corollaire, l'administration mixte qui contrôlait jusqu'ici les chemins de fer, les télégraphes et le port d'Alexandrie disparaîtra.

« Les ressources tirées des économies de la conversion de 1890, qui depuis cette date ont été inutilement accumulées dans les coffres de la *Caisse* et qui maintenant se montent à 5.500.000 livres, seront remis au gouvernement égyptien qui sera libre de les employer de la façon la plus propre à assurer le bien-être du peuple.

« Bien que nous maintenions toujours notre façon de voir touchant le droit du gouvernement égyptien de se libérer de toute sa dette à n'importe quelle époque après 1905, le gouvernement français a soutenu fortement les droits des obligataires à des égards particuliers en raison de l'histoire passée de la dette égyptienne. Pour satisfaire à ces désirs, le présent arrangement stipule que la conversion de la dette garantie et privilégiée sera reportée jusqu'en 1910 et la conversion de la dette unifiée jusqu'en 1912, remise qui confère un avantage très matériel aux obligataires existants et qui devra écarter tout motif de plainte quand la conversion sera effectuée.

« Le décret a aboli diverses autres clauses de l'ancienne loi dont l'expérience a montré l'uni- tilité ou l'incommodité. Il suffit de mentionner les plus importantes. En premier lieu, le con- sentement de la *Caisse* ne sera plus nécessaire dans le cas où le gouvernement égyptien dési- rerait émettre de nouveaux emprunts pour des dépenses productives ou pour d'autres raisons. En second lieu, on a rejeté l'idée émise dans la convention de Londres, de fixer une limite aux dépenses administratives du gouvernement égyptien. Les nombreux inconvénients et même les pertes que ce système a provoqués dans un pays, qui est dans la période de crois- sance et où, par conséquent, de nouveaux besoins administratifs se font sentir constam- ment, ont été à maintes reprises mis en relief par Lord Cromer.

« Votre Excellence ne manquera, pas de remarquer que le décret khédivial dans lequel ces mesures sont incorporées, devra recevoir le consentement de l'Autriche, de l'Allemagne, de l'Italie et de la Russie avant de pouvoir être promulgué par le gouvernement égyptien. Le montant de la dette égyptienne détenu dans ces pays est, cependant, tout à fait insignifiant. La France et la Grande-Bretagne, détiennent à elles seules la presque totalité de la dette, à l'exception d'une petite partie possédée par l'Égypte.

« Dans ces conditions il est raisonnable d'espérer qu'on ne rencontrera pas de sérieuses difficultés se rapportant en quoi que ce soit aux propositions considérées par les deux gouvernements comme donnant entière satisfaction aux légitimes intérêts des obligataires, et que ces deux gouvernements se sont formellement engagés à soutenir. Si, cependant, des obstacles inattendus se présentent, nous pourrons, à cause de notre accord avec la France, compter sur l'appui de la diplomatie française dans nos efforts pour les surmonter. »

« Il est nécessaire que j'ajoute quelques mots sur les autres points dans lesquels les droits intérieurs de souveraineté du gouvernement égyptien sont sujets à des interventions internationales. Ce sont les conséquences du système connu sous le nom de capitulations. Il comprend la juridiction des cours consulaires et des tribunaux mixtes, ces derniers appliquant une législation qui exige le consentement de toutes les puissances européennes et de quelques puissances extra-européennes avant d'être modifiée. Selon l'opinion de Lord Cromer, l'heure n'est pas venue pour un changement organique dans cette direction, et c'est pourquoi le gouvernement de Sa Majesté n'a pas proposé de faire la moindre modification à ce sujet. En même temps, à quelque moment que l'Égypte soit prête à l'introduction d'un système législatif et judiciaire semblable à celui qui existe dans les autres pays civilisés, nous avons des motifs suffisants pour compter sur la coopération de la France pour effectuer les changements nécessaires. »

Nous avons donc vu ces deux conditions expresses du nouveau traité : la *Caisse* qui a été jusqu'ici sous tous les rapports le pouvoir exécutif en Égypte, a été dépouillée de ses prérogatives; et on a reconnu qu'une nation de dix millions d'âmes ne peut plus être soumise à la volonté d'une compagnie d'obligataires. On a pleinement reconnu les services que ces derniers ont rendus à l'Égypte en lui fournissant le capital essentiel pour la tirer du bourbier financier dans lequel elle était tombée. On ne se plaint pas que, quand l'Égypte était dans la situation virtuelle de faillite, les obligataires aient insisté pour la gouverner en fait. Mais aujourd'hui le cas est tout à fait différent. Avec l'organisation introduite dans ses affaires d'argent et les améliorations de toute sorte, l'Égypte est devenue un pays prospère ; et par là même elle ne désire pas un instant diminuer le bien qu'elle a reçu des capitalistes étrangers. Mais maintenant, depuis une longue période d'années, les intérêts ont été régulièrement payés.

Les revenus égyptiens n'ont cessé d'augmenter, et il est clair que les obligataires ne peuvent plus se croire dans une position hasardeuse, comme diverses conversions, particulièrement celle de 1890, l'ont pleinement prouvé. Aucune excuse ne peut justifier leur intervention dans le gouvernement général de l'Égypte. Le décret khédivial leur donne une ample garantie pour le payement régulier des intérêts qui leur sont dus, mais en même temps il insiste pour que la *Caisse* soit réduite à une division strictement limitée de l'État ; il paraît peu probable que le décret khédivial, qui a déjà l'approbation de l'Allemagne, rencontre de l'opposition. A sa promulgation, la *Caisse* cessera de gouverner l'Égypte.

Par le traité du 8 avril 1904, la France fait la plus complète abdication de ses intérêts et la seule puissance, dont l'Angleterre a jusqu'ici sérieusement craint la rivalité, est ainsi écartée. Le représentant de la France, il est vrai, continuera encore à siéger au conseil contrôlant la *Caisse*, mais il est obligé de ne rien dire et de ne rien faire de préjudiciable aux intérêts anglais. L'Angleterre n'a pas à redouter les autres représentants internationaux, puisque nous avons vu que leurs divers gouvernements ne se laisseront pas entraîner dans quelque sérieuse querelle pour les affaires égyptiennes.

D'après les considérations ci-dessus, nous ne pouvons manquer de voir que la question égyptienne a subi, par suite du traité du 8 avril 1904, une modification aussi radicale par sa nature que celle occasionnée par l'occupation de 1882. En 1882, la France abdiqua virtuellement ses intérêts : aujourd'hui elle l'a fait de la façon la plus formelle et la plus catégorique.

Mais cette modification peut être interprétée de diverses façons, et c'est d'une idée précise de sa signification que dépend la justesse de toutes nos prévisions sur la destinée finale de l'Égypte.

Mais l'esprit jingo ne veut obstinément considérer qu'un des aspects de cette situation nouvelle : il reste indifférent à tous les autres. Il ne voit que l'abdication de la France ; et pensant que seul le désir de ne pas entrer en conflit avec la France a empêché l'Angleterre de consolider définitivement sa mainmise sur l'Égypte, il s'imagine que maintenant, le seul rival sérieux étant écarté, l'Angleterre ne fera plus un secret de sa politique, mais mettant les autres facteurs internationaux poliment ou brusquement de côté, saisira la proie convoitée.

Sans perdre un temps inutile à discuter cette conception puisque l'Angleterre a expressément désavoué toute intention d'annexion où d'ailleurs il est clair qu'elle ne trouverait guère d'avantages : nous voudrions faire remarquer que l'interprétation du jingo ignore complètement l'élément indigène.

CHAPITRE V

Il y a vingt ans, il eût été possible de faire abstraction des indigènes, sinon avec moins d'injustice, en tous cas avec moins de danger. Mais l'Égypte aujourd'hui s'est profondément modifiée. Vingt ans de gouvernement étranger mais non despotique ont permis à l'idée de la nationalité égyptienne de croître, et aujourd'hui les Égyptiens reconnaissent qu'ils ont eux aussi une vocation nationale. Les classes supérieures ont reçu une éducation complète et elles se sont assimilé l'esprit de la civilisation occidentale; mais elles n'ont pas imité cet esprit d'une façon servile. Alors qu'ils ont la plus profonde admiration pour tous les meilleurs éléments de ce qui est européen, et que beaucoup d'entre eux ont connu la vie de collège dans des villes comme Marseille, Nîmes ou Paris, ils sont pleinement convaincus que leur pays est appelé à jouer son propre rôle comme unité organique et indépendante du tout européen. Ils sentent qu'ils sont de force à ne plus rester en tutelle. Il serait plus que sot de fermer les yeux devant la croissance de ce sentiment. Nous devons reconnaître qu'un peuple inspiré de la sorte ne serait pas un spectateur bien disposé à l'établissement permanent de l'autorité britannique dans son pays.

Nous avons employé le mot « organique » et nous ne voudrions pas que le lecteur s'imaginât que nous nous en sommes servi comme d'une épithète bien sonnante sans signification très définie. D'un autre côté, nous ne désirons pas devenir dogmatique et nous répandre en de longues et vagues dissertations sentant les compositions et la pédanterie scolastiques ; néanmoins qu'on nous accorde un peu de patience, pendant que nous expliquerons le sens que nous attachons au mot « organique », appliqué à une nation européenne.

Peut-être la méthode la plus simple est-elle d'emprunter une comparaison à la physiologie. Les lecteurs ont sans doute entendu parler des nombreuses expériences faites sur les nerfs auditifs et visuels, et savent aussi que, bien que les tissus, la construction et la réaction chimique de ces nerfs eux-mêmes sont presque identiques, néanmoins, le nerf auditif est incapable de voir et le nerf visuel ne peut entendre. Quand nous disons, donc, de ces nerfs qu'ils sont organiques, nous voulons dire que chaque nerf ne peut remplir que sa fonction particulière, et qu'aucune ingéniosité ni aucune force ne peut l'amener à se charger d'une autre fonction.

Transportons nos observations à l'histoire de l'Europe, et nous découvrirons qu'elle se compose aussi d'un certain nombre d'unités organiques, chacune destinée à remplir sa fonction propre et incapable d'en remplir une autre.

C'est un fait qui explique l'échec complet de toutes les tentatives faites pour établir un régime impérial en Europe, dans lequel plusieurs unités distinctes nationales et organiques seraient absorbées; nous aurons à parler plus longuement de ces échecs.

Quand nous disons d'un État qu'il est organique, cela revient à dire qu'il a dépassé le stage où l'on pouvait ne le compter que comme une simple parcelle de territoire, une simple expression géographique. Cet état est devenu une unité vivante capable de suivre un mode de développement particulier et à laquelle il est impossible d'en faire observer un autre. Il est doué de puissances politiques, artistiques, sociales que les influences extérieures peuvent arrêter pendant quelque temps, mais ne peuvent éteindre. Le pays qui s'efforce de détourner ou de supprimer une nation au cours de son développement organique, doit à la longue succomber lui-même. L'histoire de l'Europe est l'histoire d'une cinquantaine de ces unités irréductibles. Nous avons de nombreux exemples dans lesquels une nation particulière a été pendant des siècles pressurée par un despotisme étranger, pendant des siècles tous les efforts ont été faits pour écraser jusqu'à l'anéantissement ses caractéristiques nationales, pour l'absorber dans la nationalité du conquérant, mais nulle part nous ne lisons qu'une nation a été finalement réduite. Aussitôt que l'étreinte étrangère se relâche, soit par la violence de la guerre, soit à cause de convulsions intérieures, la nationalité opprimée s'affirme de nouveau avec une vigueur plus grande. Des traits de nationalité que l'on croyait depuis longtemps complètement éteints, reparaissent avec une force égale, et même supérieure, à leur force primitive. L'histoire de la Péninsule des Balkans nous fournit peut-être quelques-uns des exemples les plus remarquables et les plus intéressants. On peut être certain que les Turcs ne firent pas les choses à moitié quand ils occupèrent leurs provinces européennes.

Les Osmanlis sont une nation guerrière, et dans les Balkans ils se trouvèrent en contact avec un certain nombre de petites nationalités aussi guerrières qu'eux-mêmes. Les méthodes employées par les Turcs pour les réduire étaient fort loin d'être clémentes et ce ne fut que par la supériorité militaire écrasante des Turcs, avec leurs masses organisées de janis- saires fanatiques, que ces méthodes réussirent temporairement.

Pendant des siècles, les Turcs furent occupés à fortifier leur autorité sur les territoires con- quis et à effacer toute trace de nationalité non turque. Mais sous une surface d'indifférence apparente les nationalités vaincues devenaient réellement plus prononcées et plus nettement définies que jamais : si bien qu'après les défaites successives du conquérant, nous les voyons surgir plus distinctement nationales que par le passé. C'est ainsi que la puissance turque doit s'écrouler finalement. Elle est édifiée contrai- rement aux règles de la nature : toute dimi- nution successive qu'elle souffre, ne signifie réellement rien de plus que la réapparition d'une unité nationale longtemps comprimée

par la force et la terreur seules, et qui devra,
aussitôt que le moment favorable se présen-
tera, réclamer ses droits à une existence sépa-
rée et indépendante. Nous ne devons donc
pas être surpris que le déclin de la puissance
turque ne soit pas marqué par un accroissement
de territoire des grandes puissances environnantes, mais par la réinscription sur la carte de
l'Europe orientale des noms de nations depuis
longtemps à demi oubliées. Mais si elles ont
échappé au joug de la Turquie après des
siècles de sujétion indocile, elles ne sont vraisemblablement pas disposées à se soumettre
aux puissances européennes qui ont aidé à leur
délivrance. Il faut se rappeler aussi que la
Turquie a eu une autre difficulté à affronter
dans ses conquêtes : elle a été contrariée par
le conflit des religions. L'incompatibilité du
christianisme et du mahométisme a fait beaucoup pour renforcer le sentiment de disparité
nationale déjà fort. Quand on l'examine à la
lumière de réflexions de cette nature, rien
n'est plus intéressant que l'histoire de l'indé-

pendance de la Roumanie, de la Bulgarie, de la Serbie et de la Roumélie.

Il y a beaucoup d'autres états en Europe, plus faibles que les États indépendants des Balkans, qui ont cependant réussi à maintenir intacte leur nationalité. Rappelons simplement au lecteur l'exiguïté de San Marino qui prétend être l'État le plus ancien de l'Europe, la petite République pyrénéenne d'Andorre avec ses 6.000 habitants, le minuscule Monténégro dalmatien qui a bravé toute tentative d'absorption.

C'est cette composition d'unités organiques qui rend l'histoire de l'Europe si absolument différente de celle de toute autre partie du monde. Le mot « organique » nous donne la clef du profond abîme qui sépare une petite unité européenne comme la Serbie d'une contrée asiatique comme le Thibet. Toutes les forces de la Turquie ne pourraient anéantir la nationalité serbe, tandis qu'une colonne de troupes britanniques et indiennes indigènes relativement insignifiante ne rencontrera probablement aucune résistance insurmontable dans l'annexion et l'absorption du Thibet.

L'Europe et l'Angleterre surtout ne peuvent plus se permettre d'imaginer que l'Égypte se trouve aujourd'hui au niveau du Thibet; des années d'instruction et d'entraînement aux façons de penser européennes ont si profondément imprégné l'esprit de l'Égyptien, qu'il est complètement européanisé, en ce sens qu'il a pleinement conscience de sa propre nationalité.

La guerre récente de l'Afrique du Sud a fait comprendre à tous les Anglais qu'une nation du modèle européen ne peut être que partiellement anéantie même au prix des plus grands sacrifices. Et cependant si cette nouvelle question provoquait une guerre, le lecteur peut être certain que l'Égypte offrirait des difficultés très distinctes de celles rencontrées dans les Républiques sud-africaines.

Pour le moment, nous laissons les considérations militaires entièrement hors de la question et nous nous figurons être arrivés à la conclusion d'une guerre heureuse pour la Grande-Bretagne, et que le moment est venu d'établir les conditions de paix.

Il est clair que l'Angleterre, ayant reconnu l'existence d'une nationalité égyptienne nettement définie, n'affirmerait pas son droit de gouverner par la force, sachant bien qu'elle ne pourrait maintenir une pareille domination paisiblement que pendant le temps où les vaincus se reposeraient en attendant une nouvelle lutte.

La Grande-Bretagne n'a jamais poursuivi une politique d'impérialisme si étroit. Elle n'a jamais essayé de régner par la terreur, mais après la victoire, s'est invariablement efforcée de se concilier le vaincu en l'élevant dans son amour-propre.

Ce fut ainsi du jour même de la paix de Vereeniging, qu'elle indiqua clairement les voies qu'elle avait l'intention de suivre. On donna à comprendre aux Boers qu'on leur accorderait le gouvernement représentatif si leur conduite était bonne pendant une certaine période d'épreuve. Quand celle-ci se serait achevée d'une façon satisfaisante, ils deviendraient en fait des membres fédéraux pour ainsi dire de l'empire britannique. Ils occuperaient vis-à-vis de l'Angleterre la même position que l'Australie et le Canada, autonomie à peu près complète à l'intérieur et assujétissement en ce sens que leurs relations étrangères seraient réglées par la Grande-Bretagne. Nous n'avons pas à discuter si on n'aurait pu arriver à ce résultat à moins de frais.

Nous supposons maintenant que l'Angleterre est sur le point de conclure la paix avec l'Égypte ; et reconnaissant la nationalité marquée de l'Égypte, elle désire aussi l'admettre à des conditions fédérales, pour ainsi dire, dans l'empire britannique.

Que peut-elle lui offrir en compensation pour l'extinction de son indépendance ?

L'autonomie intérieure ? mais comment ? Il serait certainement futile d'offrir à l'Égypte le bénéfice d'institutions représentatives chez elle, car elle ne s'en rendrait certainement pas compte et ne se soucierait pas de le faire.

L'esprit égyptien est encore assez oriental pour ne pas comprendre un gouvernement représentatif. Il est vrai que l'Égypte possède aujourd'hui une Chambre haute et une Chambre basse, mais la constitution représentative est un simple fantôme vide et inanimé de la chose elle-même.

Les pays ont le régime qui leur convient, et les hommes d'état ont depuis longtemps renoncé à l'idée qu'on peut ajuster une constitution à un pays comme on peut ajuster des vêtements à un être humain. Il est très bien d'offrir aux colonies du Transvaal et de la rivière Orange le bénéfice d'un gouvernement représentatif, puisque ces pays dans l'indépendance ont montré leur capacité pour comprendre et se servir d'une semblable constitution ; il peut se faire qu'en l'accordant on crée un lien d'amitié. Mais à quoi bon faire une telle offre à l'Égypte, qui a montré depuis longtemps sa suprême indifférence pour de pareilles institutions ? Le gouvernement représentatif ne serait pas un baume pour adoucir le joug blessant de la domination étrangère, et il n'empêcherait jamais les Égyptiens de recommencer la lutte pour la liberté dès que leurs forces leur permettraient de le faire.

Mais nous avons peut-être poussé notre hypothèse un peu loin. Il faut se souvenir de la date 1912, qui peut avoir une grande importance pour l'histoire de l'Égypte. Le lecteur se rappellera le passage de la dépêche de Lord Lansdowne dans lequel il parle de la capacité que les Égyptiens posséderont après cette année-là de s'acquitter réellement de toute leur dette. Il est très probable qu'ils profiteront de cette capacité.

L'Égypte est aujourd'hui assez riche pour racheter sa dette ; elle pourrait en tout cas effectuer, avec son crédit actuel, une conversion qui réduirait encore le taux de l'intérêt et ajouterait considérablement aux économies égyptiennes. Si les Égyptiens ne rachètent pas entièrement leurs titres, ils pourraient en tous cas réduire le montant de leur dette au point de changer complètement leur position vis-à-vis de l'Europe. Admettons, ainsi que nous pouvons très bien le faire, qu'ils rachètent une grande partie de leur dette. Nous ne voyons aucune invraisemblance patente à ce qu'ils viennent ensuite trouver le gouvernement britannique ou son représentant en Égypte et lui remettent une pétition très poliment conçue, dont le passage principal serait à peu près comme suit : « Nous sommes profondément sensibles aux bons offices du gouvernement britannique, et nous ne désirons ni diminuer la grandeur des services qu'il nous a rendus en mettant de l'ordre dans notre administration et en nous aidant à assurer nos frontières contre l'invasion, ni cacher la gratitude que nous ressentons pour ces services.

« Nous sommes sensibles au fait que le gouvernement britannique n'a, à aucune époque, essayé de miner la nationalité égyptienne, et nous avons constamment regardé l'occupation britannique sous l'aspect d'une tutelle bienfaisante, vu que les Anglais n'ont tiré pendant

ce temps aucun bénéfice direct de l'Égypte,
soit en argent soit en force, et que d'autre
part la prospérité de l'Égypte n'a cessé de
grandir.

« Convaincus donc des sentiments cordiaux
des Anglais pour nous, nous nous permettons
de leur rappeler que pendant la période de
leur protection et du bien-être qui s'en est
suivi, nous jugeons avoir avancé constamment vers le moment où nous pourrons nous
charger du gouvernement de notre pays. Nous
nous sommes maintenant libérés de la majeure
partie du fardeau de notre dette, la situation
prospère de notre pays et de ses finances donne
une suffisante garantie du payement de l'intérêt et du remboursement final des dettes non
payées. Tout en renouvelant l'assurance de
notre gratitude, nous nous permettons en
même temps de suggérer que le moment est
arrivé où les Anglais peuvent avec avantage,
et pour la Grande-Bretagne et pour l'Égypte,
mettre fin à leur occupation et laisser celle-ci
se gouverner elle-même dans une indépen-

dance complète. En présentant cette pétition, nous désirons informer en même temps le gouvernement britannique que nous n'avons ni le désir ni l'intention de nier la nature complète de la souveraineté dont jouissent les Anglais au Soudan, et nous ne désirons en aucune façon renverser ou diminuer cette souveraineté. »

Si les Égyptiens présentaient une pétition conçue en ces termes, montrant le véritable état des choses et écrite en termes choisis de façon à éviter le moindre soupçon d'offense, il serait très difficile aux hommes d'état anglais de s'en offusquer, et on ne voit pas bien comment ils pourraient donner une réponse autre que favorable.

Avant le traité du 8 avril 1904, les choses auraient été bien différentes ; il n'eût pas été difficile de faire découvrir au public anglais une intrigue française sous l'aspect très innocent de la pétition. Aujourd'hui cela ne serait pas possible. Il ne peut y avoir le moindre soupçon de la France complotant en Égypte pour renverser le pouvoir de l'Angleterre ; il n'y a pas la moindre raison de douter de la sincérité complète de l'abdication de la France en Égypte. Nous avons vu que la retraite de la France non seulement répond aux lignes générales de la politique étrangère anglaise, mais aussi qu'elle a été payée d'un prix très sérieux. Dans ces conditions, il ne paraît pas probable que le lion britannique puisse être excité à voir, dans cette pétition, une attaque contre ses droits impériaux ; il reconnaîtrait qu'il n'a rien à perdre et tout à gagner en accédant à la requête égyptienne.

Une guerre avec l'Égypte pourrait devenir quelque chose de beaucoup plus formidable qu'on ne serait porté à le croire au premier coup d'œil ; mais même si la guerre était faite avec succès par les Anglais, elle ne saurait à la fin profiter aux intérêts de l'Angleterre. En même temps le commerce égyptien serait ruiné, et la position financière de l'Angleterre en Égypte tout à fait perdue.

Nous avons dit que l'Angleterre a toujours interprété sa vocation impériale d'une façon libérale. Aussi l'effet d'une guerre heureuse, à part l'appauvrissement des deux parties, serait-il simplement de ramener les choses où elles en étaient primitivement. L'Angleterre n'obtiendrait pas des avantages commerciaux plus considérables que ceux qu'elle posséderait si l'Égypte était un pays indépendant ouvert au libre échange.

Si l'Angleterre avait, à aucune époque, dirigé son impérialisme d'après la ligne de conduite française et avait jamais incorporé ses conquêtes dans l'empire, comme provinces absolument soumises, une guerre pourrait avoir quelque raison d'être, bien que, même dans ce cas, les dépenses probables devraient être soigneusement balancées avec les avantages probables. Mais puisque l'Angleterre a toujours accordé à ses sujets, partout où ils étaient capables d'en profiter, des institutions intérieures libres, il est impossible de voir en quoi elle serait plus avancée après une guerre. Les mêmes remarques s'appliquent à la situation actuelle dans le Sud de l'Afrique, et le public anglais ne souscrira probablement plus de fonds avec empressement pour obtenir un si maigre résultat.

Si le rejet d'une semblable pétition amenait une rupture formelle avec l'Égypte, il serait téméraire de prédire le résultat de la guerre. Il n'est pas facile de voir quelle conduite l'Égypte suivrait, et il n'est pas plus aisé de connaître le montant des forces qu'elle pourrait mettre en ligne. On peut très raisonnablement supposer qu'elle ne perdrait pas de temps pour engager l'Abyssinie à s'unir à elle, et il est bien possible qu'elle ne parlerait pas à des sourds. Les Abyssiniens ne manqueraient pas de reconnaître que l'assujétissement de l'Égypte impliquerait, sinon l'annexion de leur pays par la force, au moins sa réduction à une virtuelle dépendance, mais comme ils seraient entourés de tous côtés par des territoires britanniques, ils seraient sans forces pour résister. De plus, les Abyssiniens ont peu de sympathie pour les Européens, quels qu'ils soient, depuis la journée d'Adowa, et assez peu de respect pour eux. On peut aussi se demander si les Égyptiens

ne réussiraient pas à faire revivre les feux actuellement dormants du Mahdhisme. Ce sont là
des possibilités que nous n'avons pas l'intention
de discuter ici. Nous voudrions simplement
indiquer en quelques mots qu'une guerre anglo-
égyptienne pourrait présenter des difficultés,
qui, même surmontées à la longue, entraîne-
raient des frais tout à fait disproportionnés aux
résultats finalement atteints.

Nous approchons de la fin de la tâche que
nous nous étions imposée au commencement;
nous avons discuté la question de l'Égypte à
tous les points de vue concevables; nous avons
pesé l'importance de l'Égypte comme facteur
dans le vaste champ de la politique européenne;
nous avons examiné la situation créée par
l'occupation actuelle; et tout en reconnaissant
pleinement les avantages que l'Égypte a certainement tirés d'une période de quasi-protec-
tion par la Grande-Bretagne, nous avons in-
diqué les difficultés insurmontables qui rendent
impossible la prolongation de l'état de choses
actuel. Nous nous sommes efforcé d'un bout à

l'autre d'user de la plus stricte impartialité ; et
nous nous sommes occupé dans chaque cas
des divers résultats au simple point de vue des
avantages et des désavantages politiques, évi-
tant les idées de bien ou de mal moral, qui ne
peuvent qu'obscurcir une discussion toute politique.

Quel que fût leur point de départ, nos inves-
tigations nous ont invariablement amené au
même résultat. Le problème égyptien n'admet
qu'une seule solution toujours satisfaisante,
laquelle, cadrant avec les intérêts de toutes les
parties en cause, promet d'avoir une base
solide et une longue durée. Nous avons vu
que le conflit des juridictions est l'une des
principales difficultés qui rendent l'état actuel
de l'Égypte presque insupportable ; nous avons
montré qu'aucune puissance européenne ne
peut mettre fin à cette source constante de
vexations qui retarde certainement les progrès
économiques de l'Égypte, autrement si brillants.

Les jalousies internationales excluent tout

à fait l'idée que les nombreuses puissances consentiraient à résigner leurs privilèges de juridiction consulaire entre les mains de l'Angleterre, et il n'est pas probable que l'Angleterre encourrait les haines que soulèverait une telle proposition. Nous avons aussi fait ressortir toute l'inconséquence de la position qui exclut l'Égypte du comité des nations alors qu'il admet d'autres pays qui ne sont certainement pas au même niveau de civilisation, ou qui sont également étrangers à la foi chrétienne.

Nous ne pouvons nous figurer que l'Égypte n'obtiendrait pas promptement son admission si elle exprimait le désir d'être reçue, mais nous sommes sûrs que la requête doit venir de l'Égypte, nation indépendante, et non par l'intermédiaire de la Grande-Bretagne.

Mais nous voudrions insister sur notre argument final, à savoir que l'Égypte a atteint la phase où nous ne pouvons plus nous cacher le fait qu'elle est devenue un membre organique de l'Europe. Nous avons montré qu'une fois qu'elle aura atteint cette phase de développement, aucun pouvoir ne peut la détourner du cours naturel de son évolution. Tout homme familier avec les cercles indigènes d'Égypte ne peut s'il est sincère contester que ce pays s'est éveillé à sa vocation nationale, et il lui faut reconnaître la rapidité avec laquelle ce sentiment gagne du terrain.

Il est très possible que les Égyptiens ne soient pas encore assez profondément imprégnés du sentiment de leurs droits à une existence nationale distincte, pour se décider sur-le-champ à affirmer ces droits à tout prix ; mais il est certain que cette idée se fortifiera en eux avec les années, et les conduira à prendre des résolutions énergiques.

La véritable politique saisit l'occasion aux cheveux et n'attend pas qu'elle soit acculée au mur pour trouver quelque moyen de se tirer d'affaire le mieux possible ; au contraire elle scrute assez l'avenir pour voir ce qui doit arriver, et prépare ses plans en conséquence.

Nous avons montré par les arguments les

plus irréfutables qui soient permis en politique, que l'occupation actuelle de l'Égypte
par les Anglais retarde les progrès de l'Égypte
autant qu'elle les a fait avancer jusqu'ici ; et que
par l'abdication de la France, cette politique
a perdu toute la raison d'être qu'elle posséda
jamais. Nous avons fait comprendre que de
transformer l'occupation en une annexion
serait positivement préjudiciable aux intérêts
britanniques, même si l'opération se faisait
avec succès ; et nous avons fait ressortir les
avantages très considérables que les Anglais
s'assureraient en se retirant d'une fausse position qui devient chaque jour moins tenable.

Il semblerait que le moment est venu où la retraite de la Grande-Bretagne pourrait s'effectuer
avec les plus grands avantages pour elle aussi,
et où cette retraite spontanée, évidemment
exécutée sans pression, serait un témoignage
éclatant des motifs désintéressés de l'occupation britannique.

Nous allons dans ce qui reste de ce chapitre
indiquer les lignes suivant lesquelles on pour-

rait régler la future position de l'Égypte. Nous allons montrer que des questions similaires, sous beaucoup de rapports, à la question égyptienne, se sont déjà présentées, et nous décrirons la façon dont elles ont été réglées. Nous pourrons alors déduire une espèce de principe général qui deviendrait applicable au cas particulier qui nous occupe.

Notre étude est nécessairement historique ; aussi n'avons-nous guère besoin de demander pardon au lecteur de lui présenter une assez grande quantité de faits historiques ; ils forment les seules matières sur lesquelles on puisse baser une conclusion sérieuse. La simple affirmation de principes abstraits ne suffit pas pour désarmer la critique. Nous sommes particulièrement désireux de montrer avec la plus grande clarté que les solutions données aux problèmes européens similaires ont été les seules possibles ; qu'elles n'étaient pas basées sur des raisonnements académiques, mais étaient le produit de la nécessité politique ; et finalement que l'on a trouvé ces solutions com-

plètement satisfaisantes dans leur action ulté-
rieure.

Au premier coup d'œil, le champ de l'histoire
européenne apparaît comme un tel dédale
d'éléments compliqués et contradictoires, que
l'observateur peut à peine résister à ses sentiments de désespoir ; il semble impossible de
trouver la clef de l'énigme ou d'avoir aucun
terme de comparaison suivant lequel on puisse
dire que cette chose-ci est importante et celle-là
négligeable. Mais peu à peu, à mesure que la
vue historique devient plus forte, on aperçoit
une sorte de perspective. Les intérêts et les
agents secondaires disparaissent dans un
arrière-plan harmonieux, sur lequel les principaux acteurs ressortent dans un relief net et
décisif. On commence à voir que, en général, il
n'y a réellement à tenir compte que de deux ou
trois figures proéminentes, et que leur attrac-
tion ou leur répulsion réciproque expliquera
les changements de position que l'on peut
observer parmi les éléments moins importants.

Depuis le commencement du seizième siècle,

ces figures proéminentes sont celles de la
France, de l'Allemagne (c'est-à-dire l'Empire)
et de l'Espagne. Plus tard, la Russie commence à faire sentir ses intérêts. Il est singulier
qu'en dépit des combinaisons variant sans
cesse dans lesquelles ces puissances apparais-
sent, leur nombre n'a jamais diminué. Elles
sont constamment en guerre, car elles sont
toutes animées d'ambitions mutuellement irréconciliables. A un moment, la France est liguée
avec l'Espagne contre l'Empire ; à un autre
c'est l'Empire et l'Espagne qui sont unies
contre la France ; mais quoique dans l'un et
l'autre cas on pourrait croire que le membre
isolé doit tôt ou tard succomber, il n'en est rien.
A aucun moment, par conséquent, un des
grands facteurs de l'histoire européenne n'a vu
ses efforts récompensés par l'entier accomplissement de ses ambitions. Par suite, tôt ou tard
la paix devait survenir, les deux parties belli-
gérantes étant réduites à un état de complet
épuisement qui exigeait, du moins pour le
moment, que la lutte fût suspendue. Néanmoins,

il eût été impossible de laisser les parties bel-
ligérantes en possession de l'objet de la dispute.
Les intérêts pour lesquels elles combattaient
étaient trop vitaux pour admettre même une
concession temporaire. Etant donné cet état de
choses, on pourrait s'imaginer que les guerres
européennes continueraient forcément jusqu'à
l'anéantissement complet de l'un des rivaux ;
mais pareille solution était également impossible : aucune grande puissance d'Europe n'a
jamais réussi à supprimer complètement l'autre.
Un seul moyen de trancher la question restait,
et c'était que les deux parties abandonnassent
le butin que ni l'une ni l'autre ne pouvait
garder avec sécurité pour son voisin. C'est
ainsi qu'il est arrivé que l'Europe d'aujourd'hui
est parsemée d'un grand nombre de points
morts ; ils sont, pour ainsi dire, les centres de
calme autour desquels les cyclones de l'histoire
européenne tournent et font rage presque sans
cesse.

Entre la plupart des grandes puissances
de l'Europe contemporaine, on trouvera des

zones de territoire neutre interposées. Outre qu'elles évitent à ces puissances les froissements constants qui suivraient nécessairement si elles étaient en contact sur toute l'étendue de leurs limites territoriales, elles renferment en général des points stratégiques qui, s'ils étaient occupés par une puissance, mettraient sa voisine continuellement en danger. On a fait des guerres désespérées pour s'assurer de ces points, mais finalement, après de vastes effusions de sang et d'immenses dépenses, les deux parties, convaincues de l'impossibilité pour l'une ou l'autre de s'emparer de ces points et de les garder d'une façon permanente, ont jugé qu'il valait mieux régler le débat par un compromis. L'histoire de l'Europe est marquée par autant de grands compromis que de grandes guerres.

Prenons un ou deux exemples saillants.

Étudiez, par exemple, toute la politique de la France du commencement du seizième siècle à la signature du traité de Vienne (1815). Elle n'a qu'un but inaltérable : l'idée qui guide tous les hommes d'état français, qui domina toute la politique de Louis XIV. La France doit s'étendre jusqu'à ses bornes naturelles, aux frontières que César lui donna; elle doit être limitée par le Rhin. Si nous regardions la carte, la tâche ne paraîtrait pas très ardue. La largeur de territoire nécessaire à son accomplissement n'est pas si extrême. Et cependant, trois siècles d'efforts vigoureux ne virent pas la réalisation du projet.

Ce ne fut pas par manque de talent, car durant cette période la France eut à son gouvernail les plus brillants hommes d'état, tels que Richelieu, tels que Mazarin; sa diplomatie devint le modèle de toute la diplomatie européenne, dans laquelle nous pouvons retrouver même aujourd'hui l'esprit et le langage d'hommes comme le président Jeannin, D'Avaux et Lionne. Nous n'avons pas besoin de parler de l'organisation militaire que la France amena à la perfection — la terminologie militaire de l'époque de Louis XIV est encore celle qu'on emploie dans les armées européennes ; et il est inutile de donner une liste de ses brillants généraux, parmi lesquels les noms du Grand Condé, de Luxembourg, de Villars, de Catinat, de Vendôme, etc., sont bien connus. Cependant, avec tout ce talent, soutenu par des sacrifices prodigues de vie et d'argent, on ne put jamais gagner d'une façon permanente toute la frontière du Rhin.

La frontière n'était poussée en avant jusqu'à toucher en un point, que pour être repoussée en un autre. Et il ne semblait y avoir aucune fin possible de cette lutte perpétuelle.

Les intervalles périodiques de paix n'étaient que des instants de répit. Car la France ne pouvait se contenter d'une frontière purement arbitraire, qui était exposée en tous temps à être franchie par de puissants ennemis d'au-delà. Aussi le conflit meurtrier continuait avec des succès divers et une infortune intermi-nable pour le malheureux pays qui formait le siège de la guerre, terre naturellement riche, mais rendue stérile et inutile par les allées et venues incessantes des armées. Aucune coalition anti-française ne fut assez puissante pour forcer la France à abandonner son dessein, et aucune défaite des coalitions anti-françaises ne fut assez complète pour empêcher leur renouvellement rapide. Le génie même de Napoléon ne réussit à s'assurer le territoire en litige que pendant un court espace de temps. En 1810 toute la Belgique et la Hollande étaient françaises; mais tout ceci fut défait par les alliés en 1814 et 1815.

Ce n'est que depuis 1831 que le problème a été définitivement résolu. De nos jours plus que jamais, il serait impossible que la France et l'Allemagne eussent de longues étendues de frontière contiguës. L'existence d'états-tampons n'a jamais été plus demandée qu'à présent. En 1831, avec la garantie des cinq grandes puissances (Autriche, Angleterre, France, Russie et Suisse), la Belgique fut convertie en un état neutre, et une large voie d'invasion en France fut fermée; la Hollande accéda à cette neutralisation et la ratifia définitivement en 1839; plus tard, en 1857, les mêmes puissances, avec l'addition de l'Italie, s'accordèrent pour neutraliser le Duché de Luxembourg, et une nouvelle étendue de frontière fut encore cuirassée contre l'attaque. De plus, la Hollande, quoiqu'elle ne soit pas neutralisée formellement, est cependant neutralisée *de facto*, attendu que toute menace à son intégrité a été déclarée un *casus belli* par la Grande-Bretagne.

Ce qui est arrivé sur la frontière du nord de la France, est arrivé ailleurs. L'Allemagne, la France et l'Angleterre sont situées autour de la Hollande, de la Belgique et du Luxembourg; et on verra que partout où trois grandes puissances se rencontrent, on a trouvé nécessaire de créer un point mort neutre, sans lequel la paix européenne ne serait pas assurée un instant. Nous verrons plus tard ce qu'implique cette neutralisation.

Un autre point mort remarquable en Europe, c'est la Suisse, neutralisée en fait depuis le milieu du dix-septième siècle, bien que cette neutralité fût fréquemment violée, mais définitivement confirmée par le congrès de Vienne en

1815. C'est ainsi que l'Allemagne, la France et l'Italie sont séparées. La façon rapide dont Bourbaki avec son restant de l'armée française (1871) fut obligé de mettre bas les armes en traversant la frontière suisse, prouve que cette neutralité n'est pas illusoire. Mais le fait que la France et l'Italie sont encore protégées d'une collision par la neutralisation de parties de la Savoie, est peut-être encore plus intéressant.

Par la mort de Charles II et l'avènement de la maison de Bourbon en Espagne, le long accord qui avait uni les couronnes d'Espagne et du saint Empire romain sur les têtes des Habsbourg, fut rompu ; et dès lors les deux pays furent en inimitié. Leur point de collision naturel était dans le nord de l'Italie, où les apanages italiens de la couronne d'Espagne se trouvaient exposés aux attaques de l'Empire, et d'où encore les Espagnols pouvaient porter un coup à ce dernier.

Mais de même que dans la lutte entre la France et l'Empire au nord nous avons vu qu'aucun côté n'était capable de se rendre

maître du territoire intermédiaire de la Belgique
et de la Hollande, de même entre l'Empire et
l'Espagne au sud, ni l'un ni l'autre adversaire
ne fut assez fort pour affirmer sa suprématie
durable dans le nord de l'Italie. Les conséquences de part et d'autre se ressemblent d'une
façon frappante. Nous avons vu ce qui arriva
dans les pays au nord ; en Italie le conflit
finit aussi par un compromis. On forma un
autre point mort entre l'Espagne et l'Empire : la
République neutre de Venise, dont les territoires s'interposaient entre les deux combat-
tants, et qui renfermait dans ses limites les
points stratégiques importants qui ne pouvaient
être occupés avec sécurité par l'un ou l'autre
des belligérants.

La neutralisation projetée du Danemark, qui
a été longtemps agitée, et qui sera très probablement mise à exécution, est particulièrement
intéressante par rapport à la question dont nous
nous occupons. Le Danemark commande l'entrée de la Baltique et forme une forte base stratégique pour des opérations contre ce qu'on

pourrait appeler l'entrée de derrière de la Baltique, c'est-à-dire le canal de Kiel. Aussi, tant qu'il restera capable de jouer un rôle à lui, il peut être une source de danger pour l'Allemagne. Toute puissance, qui peut amener le Danemark à se joindre à elle, commande immédiatement le passage par le Cattégat, est à portée du canal de Kiel, et menace de séparer les lignes de communication navales de l'Allemagne, entre la mer du Nord et la mer Baltique.

D'autre part, si l'Allemagne obligeait le Danemark à se joindre à elle, en admettant que sa force navale fût suffisante, elle ferait de suite de la Baltique une mer fermée.

La neutralisation du Danemark présenterait des avantages pour toutes les parties intéressées. Le Danemark lui-même serait délivré de la situation périlleuse dans laquelle il se trouve, et quant à l'Allemagne, bien qu'elle ne pourrait plus fermer la mer Baltique sauf par l'issue d'un combat naval, elle ne courrait plus le risque de se trouver exclue de la Baltique ou enfermée à l'intérieur.

Le Danemark, puissance neutre, formerait la
suite logique de la ligne neutre Luxembourg-
Belgique-Hollande et serait un tampon pour
amortir le heurt de la Russie, de l'Angleterre et
de l'Allemagne. On a proposé aussi de neutraliser la Suède et la Norvège, mais quoique ces
projets aient été favorablement accueillis dans
les parlements respectifs de ces pays, l'affaire
devrait être portée devant un congrès général
européen.

Nous ferons remarquer que là où il existe un
passage aussi important que le canal de Suez
lui-même, neutralisé naturellement, le seul
moyen d'assurer sa neutralité complète, c'est de
rendre inoffensif le pays voisin.

La question égyptienne menace de se reproduire dans l'Amérique centrale et elle y projette déjà son ombre d'avance. Le si long retard
apporté à la construction du canal de l'Amérique centrale s'explique très simplement par
des raisons financières ; mais il est bien certain
que d'ici quelques années on verra le projet en
voie de se réaliser.

Il importe peu que le plan faisant passer le canal de Colon à Panama l'emporte définitivement sur le projet par Nicaragua. La situation politique qui en résultera sera la même. L'isthme deviendra le centre vers lequel tous les courants du commerce oriental et occidental convergeront, et par conséquent il sera l'un des plus importants sinon le plus important lieu politique du globe.

Il est évident que les puissances insisteront pour que le canal soit neutre.

Permettre que les États-Unis détiennent les clefs de la majeure partie du commerce européen, serait inadmissible; et si on doit les empêcher de devenir au moins nominalement maîtres de ces clefs, il faut à tout prix ne pas les laisser acquérir le territoire commandant immédiatement le canal.

Il n'y a qu'un moyen préventif, c'est la neutralisation des pays que le canal traversera, que ces pays soient le Nicaragua et le Costa-Rica, ou la Colombie. Il est clairement impossible qu'on les laisse rester dans un état d'indépendance libre et sans entraves. Une telle indépendance les mènerait sans doute rapidement à leur propre perte.

Comme états indépendants et non neutralisés, ils deviendraient le foyer d'intrigues continuelles, et on ne pourrait permettre à aucune puissance d'exercer une influence excessive sur eux sans mettre les autres en danger. Un pareil état de choses ne serait pas longtemps à conduire à une guerre inévitable. Même actuellement, les luttes intestines et les révolutions dont les états du centre sont déjà la scène, sont un faible reflet des flammes qui s'élanceraient aussitôt que la canalisation serait un fait accompli.

L'état d'agitation est sans doute provoqué par des influences extérieures. Les petites républiques sont, comme les héritières d'une grande fortune, dorlotées, flattées et cajolées par ceux qui désirent profiter de leur bonne aubaine. Ces intrigues sans fin amenant toujours de nouvelles révolutions, ruinant les républiques, qu'elles privent de toute stabilité financière ou commerciale, ne peuvent durer beaucoup plus.

Tôt ou tard cela deviendrait un prétexte d'intervention de la part des États-Unis ou de quelque
autre grande puissance, et la neutralité du canal
serait en péril.

Toute trace de discussion intérieure disparaîtrait probablement avec la neutralisation des
états ; et par suite de leur éloignement de la
sphère d'intrigues étrangères légitimes, les
petits états pourraient jouir dans la paix et dans
une prospérité croissante de la fortune à laquelle
leur situation géographique les a prédestinés.

Nous avons parlé de la neutralité en Europe
et en Amérique, et nous verrons dans les
pages qui suivent que la même solution du
problème africain s'est imposée aux hommes
politiques depuis 1888, époque où l'initiative en
fut prise par le prince de Bismarck et où les demandes de répartition du continent africain de-
vinrent plus pressantes. Les puissances, ayant
vivement conscience des terribles sacrifices que
les luttes pour les possessions asiatiques et
américaines leur avaient imposés au dix-huitième siècle, et désireuses d'éviter le renouvelle-

ment d'un épuisement aussi ruineux de leur
population et de leurs ressources, arrivèrent à
la conclusion qu'une partie très considérable
du grand continent africain devait être fermement et formellement exclue du partage.

Ce moyen seul pouvait éviter la collision
autrement fatale des intérêts contradictoires
des puissances co-partageantes. Par conséquent, une vaste étendue de territoire de
l'Afrique centrale fut neutralisée, et ainsi mise
hors de la portée des fondateurs d'empire.
L'État libre du Congo, dont nous parlons naturellement, et qui surpasse en étendue toute
l'Afrique du Sud britannique (à l'exclusion de
la Rhodésie), fut non seulement neutralisé, mais
encore confié aux soins du moins important (au
point de vue politique) des états moyens de
l'Europe, la Belgique, royaume qui est lui-
même neutralisé.

Il ne saurait y avoir de preuve plus claire du
principe général de neutralisation, et il est superflu de montrer que, quel que soit le cas maintenant, très prochainement des questions de la

plus haute importance s'élèveront concernant la partie sud-est de l'Europe. Le problème turc doit être bientôt résolu. On prétend déjà que la Russie s'est assuré la meilleure partie de la Perse, et que la marche vers la Mésopotamie et la vallée de l'Euphrate a même commencé. Qui possédera l'Asie Mineure? C'est une question d'intérêt vital pour l'Italie, l'Allemagne et tous les états chrétiens des Balkans. Nous allons sans doute avant longtemps voir se reproduire dans le sud-est de l'Europe, avec des facteurs semblables, la même situation qui agita pendant des siècles le nord-ouest. De quelque façon que la situation soit finalement réglée, deux choses sont absolument certaines. Premièrement, que dans cette nouvelle lutte, comme dans toute autre, les puissances en arriveront à voir qu'il faut créer des points morts, et qu'une grande partie du territoire en litige doit être neutralisée. Quelle contrée pourrait être plus utile à cette fin que l'Égypte?

L'Angleterre sera certainement profondément intéressée dans la lutte. A moins d'être

aveuglé par la fièvre jingoïste et un oubli total
des clairs enseignements de l'histoire européenne pendant les trois cents dernières
années, on doit admettre que dans le grand
conflit soulevé par la question d'Orient, l'Angleterre tirerait les plus sérieux avantages de la
neutralisation de l'Égypte. Toute réduction des
points vulnérables d'un empire éparpillé à
toutes les latitudes et dans toutes les parties du
globe, est en elle-même d'importance extrême.

L'Égypte, émancipée, ferait naturellement
beaucoup de choses, si elles étaient conformes
à la neutralité, qu'autrement elle serait trop
indifférente ou trop hostile pour accomplir. Les
hommes d'état ont appris depuis longtemps la valeur d'une neutralité bienveillante. N'étant plus
gênée par l'Égypte, et, bien plus, étant soutenue
par elle, l'Angleterre aurait même encore plus
de liberté d'action que l'Allemagne, l'Autriche-
Hongrie ou l'Italie dans toute nécessité pres-
sante du problème oriental.

TROISIÈME PARTIE

DERNIÈRES CONSIDÉRATIONS

Nous avons atteint l'extrême limite de notre tâche, mais avant de prendre congé du lecteur, nous voudrions lui dire quelques mots d'un ton sinon plus sérieux, du moins plus solennel. Jusqu'ici nous avons traité nos sujets de la façon la plus sèche et la plus positive ; nous avons opposé avec soin les avantages aux désavantages, nous avons pour ainsi dire dressé le compte des profits et pertes de l'histoire d'Egypte. Nous nous sommes efforcé de voir de la manière la plus pratique et la moins sentimentale jusqu'à quel point le mode employé pour la conduite des affaires égyptiennes a

trouvé le succès, et les doutes qui se présentent
sur la continuation du succès à l'avenir par les
mêmes méthodes. A nos yeux, nos lecteurs ont
été des politiques, et nous avons cherché à
oublier un moment qu'ils étaient des êtres
humains. Nous avons avancé des arguments
qu'aucune réflexion morale ne relevait, parce
qu'ils devaient mieux convaincre le politique.
Avant de poser la plume et de nous soumettre
au jugement du lecteur, nous voudrions nous
adresser à lui un moment sur un ton un peu
plus élevé.

Nous allons être amené à parler de religions
et de croyances, et nous avons pleinement conscience que nous foulons un terrain délicat.
L'irritation de celui qui entend mépriser ou
nier sa croyance est très juste. Loin de nous
de pareilles intentions, mais nous savons que
même le plus habile chirurgien au toucher le
plus délicat est néanmoins exposé à causer
sans le vouloir de la douleur. Nous ne désirons
rien moins qu'incriminer. Le lecteur avouera
que nous nous sommes toujours abstenu de

manier notre sujet d'une façon que l'on pût
interpréter comme pleine de récriminations ou
de reproches.

Si nous nous en sommes tenu à des arguments nets, secs et positifs, nous ne voudrions
pas laisser croire que nous ne voyons rien de
plus dans l'avenir d'un pays que l'emploi habile
d'un jeu de cartes politiques. Les politiques
sont sans doute forcés de procéder ainsi, mais
en général il y a derrière la politique l'opinion
publique, qui peut lui continuer ou lui annuler
sa charge selon son bon plaisir. L'opinion publique ne néglige pas toujours de prendre une
vue plus élevée de l'histoire contemporaine
que celle qu'inspire l'appât du gain et du profit.

Celui qui veut voir loin devant lui sur le
sentier de l'histoire future, doit gravir jusqu'à
quelque sommet plus élevé. Nous voudrions
cesser un moment d'étudier l'Égypte pour mé-
diter sur les conditions dont dépend le bien-
être à venir de tout le vaste continent africain
avec ses habitants indigènes. Il faut maintenant considérer l'Égypte non en elle-même,

non dans ses relations avec l'Europe, mais comme une partie d'un vaste continent. C'est de nos jours une règle reconnue que le véritable homme d'état doit commencer par penser aux continents.

Ne devons-nous pas prendre comme un signe que la providence tient les nombreuses races africaines dans une période d'épreuve et qu'elle ne les juge pas prêtes à recevoir la lumière du christianisme, quand nous remarquons que jusqu'ici les efforts européens pour les convertir ont été si peu heureux ? Nous laissons le lecteur répondre à la question comme il lui conviendra, et nous nous contentons des faits. On ne peut nier que jusqu'ici les efforts des missionnaires chrétiens en Afrique ont été impuissants. Et cependant, la majorité des indigènes du continent noir ne sont pas païens.

Nous pouvons voir la profonde empreinte de la religion de Mahomet dans tout le centre et le nord de l'Afrique. Où le chrétien succombe, le mahométan réussit encore. Il y a quelque chose dans cette croyance qui en appelle irré-

sistiblement à l'esprit de l'indigène africain,
et c'est par le mahométan seul qu'il peut être
amené à la conversion. Devons-nous nous
étonner, alors que l'Europe ne reçut la lumière
du christianisme qu'après avoir été affinée par la
civilisation gréco-romaine, que la providence
ne trouve pas encore l'indigène africain suffisamment préparé ? De toutes les nations européennes qui se sont établies en masse en
Afrique, les Boers se sont montrés les mieux
doués pour s'adapter au climat et à l'ambiance.
Cependant même ce peuple remarquable, les
Boers hollandais, n'a jamais réussi à sympathi-
ser avec l'indigène et on doit, en vérité,
admettre que l'œuvre des missionnaires chrétiens à travers le monde, hors de l'Europe, a
été extraordinairement vaine.

Mais où la foi chrétienne ne réussit pas à
pénétrer, la civilisation ne peut prendre pied
qu'avec la plus grande difficulté.

Jusqu'à présent on ne peut dire que les races
noires de l'Afrique aient appris quelque chose
de l'Europe qui leur soit profitable, ou qui les

ait avancées sur la route de la civilisation. Le blanc est venu chercher son propre bénéfice, et où il a passé il a laissé la désolation. Il existe entre les envahisseurs blancs et les indigènes une barrière que rien ne peut abaisser. Tôt ou tard cette répugnance amène l'extermination des indigènes.

On doit ardemment espérer que l'Europe d'aujourd'hui ne va pas répéter la tragédie de la colonisation américaine. L'histoire de la conquête de l'Amérique ferait frémir d'horreur les cœurs les plus durs. Là encore les Européens ne découvrirent aucun lien de sympathie avec les premiers habitants. La foi qui fut portée dans le pays à la pointe de l'épée ne fit pas de prosélytes ; en Amérique, à dire vrai, c'est à peine s'il y eut la lueur d'un désir d'amener l'indigène au christianisme ou de le perfectionner de quelque façon. Si l'essai avait été fait, peut-être eût-il été infructueux, mais rien de la sorte ne fut tenté. D'une main impitoyable le blanc balaya tout devant lui ; il égorgea au nord et au sud comme s'il se vautrait par plaisir dans le massacre, et quand le malheureux indigène, soumis par la peur, demanda la paix, il fut déraciné encore par l'extension des pestilences européennes. On ne montra aucune pitié pour l'Indien, on ne lui donna pas de quartier s'il était sur le chemin de la cupidité du blanc. L'œuvre d'extermination fut si complètement exécutée, qu'aujourd'hui on trouve les restes des races indigènes comme des curiosités, conservées avec difficulté dans les territoires indiens réservés, ou comme des tribus avilies et craintives qui ont découvert leur dernier repos dans l'intérieur impénétrable du continent de l'Amérique du Sud.

Nous frémissons à la pensée que les mêmes horribles procédés pourraient se renouveler en Afrique, et cependant nous ne pouvons nous empêcher de voir qu'ici, encore, l'homme blanc et l'homme noir sont irréconciliables. La nature des noirs est si profondément étrangère au colon européen, que ce dernier ne réussira jamais à greffer sur eux la foi ou la civilisation du christianisme. Nous avons déjà vu les échecs ; déjà l'Afrique du Sud est à demi désolée. Des récits venant de la zone équatoriale, que l'on a répugnance et honte à croire, reçoivent malheureusement une confirmation quotidienne. L'Européen établi dans ces régions torrides, sans presque, hélas ! de distinction de nationalité, dégénère rapidement. Le côté brutal de son caractère survit seul. Il regarde l'indigène comme le moyen de satisfaire ses passions, sa cupidité ou sa sauvagerie. De semaine en semaine, les courriers apportent des histoires plus sombres ; et de temps en temps quelque grand criminel est arrêté et toute l'Europe frémit à la lecture de l'épouvantable suite de ses crimes.

Le long de la côte septentrionale de l'Afrique nous avons un autre exemple remarquable de l'incapacité de l'Européen pour assimiler l'indigène, ou l'amener dans le champ de la civilisation européenne. Ici les Français, auxquels nous aurions pu penser que leurs qualités promettaient un meilleur succès, ont échoué aussi

complètement que d'autres nations l'ont fait
ailleurs. Dix-huit années de dures campagnes
et maintenant plus de soixante-dix ans d'occupation et de gouvernement complets ont amené
l'Arabe et l'indigène par l'habitude à une sorte
de subordination, mais le cœur de l'indigène
est aussi éloigné que jamais du conquérant. Il
reste rigidement fermé à toute influence chrétienne, et s'il continue à repousser toutes les
tentatives pour le civiliser, il doit inévitablement disparaître.

Nous avons beau regarder, pour l'indigène
l'avenir de l'Afrique apparaît sombre. De la
part de l'Européen il n'y a pas une lueur d'espoir. Une seule chance reste : c'est que quelque
puissance mahométane s'élève qui, par le pouvoir qu'elle possède d'atteindre réellement
l'âme indigène, puisse lui conférer un peu de
civilisation, peut-être pas la meilleure, mais
une civilisation qui le prépare à en recevoir une
meilleure.

La seule puissance à laquelle on pourrait
peut-être confier l'accomplissement d'une si

noble mission, c'est l'Égypte ; l'Égypte qui, après un long et dur noviciat, a appris de l'Europe tout ce qu'elle peut apprendre pour son perfectionnement. Mais ce n'est que comme nation libre, avec une fière conscience d'elle-même, que l'Égypte pourrait agir. Et pourquoi n'admettrions-nous pas que l'Égypte a terminé ses années d'apprentissage et que l'heure a sonné où on peut lui confier la conduite de sa propre carrière, carrière dont dépend la dernière lueur d'espoir de la régénération de l'Afrique ?

Nous prenons ici congé du lecteur, en lui demandant de songer si le même conseil que dicte l'intérêt politique n'est pas aussi murmuré à son oreille par la voix suppliante de l'humanité.

TABLE DES MATIÈRES

TROISIÈME PARTIE

DERNIÈRES CONSIDÉRATIONS

ÉMILE COLIN ET Cⁱᵉ — IMPRIMERIE DE LAGNY

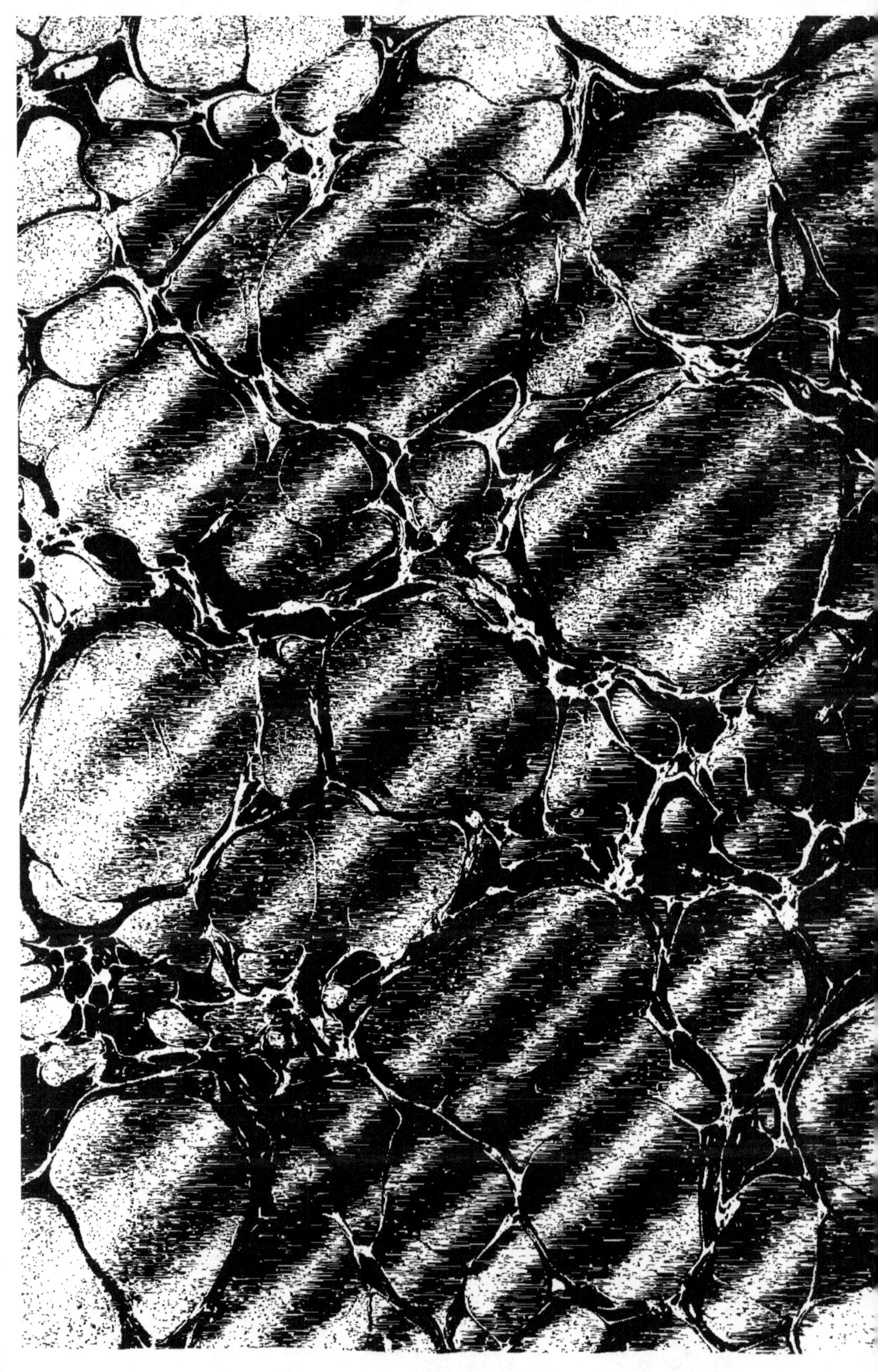

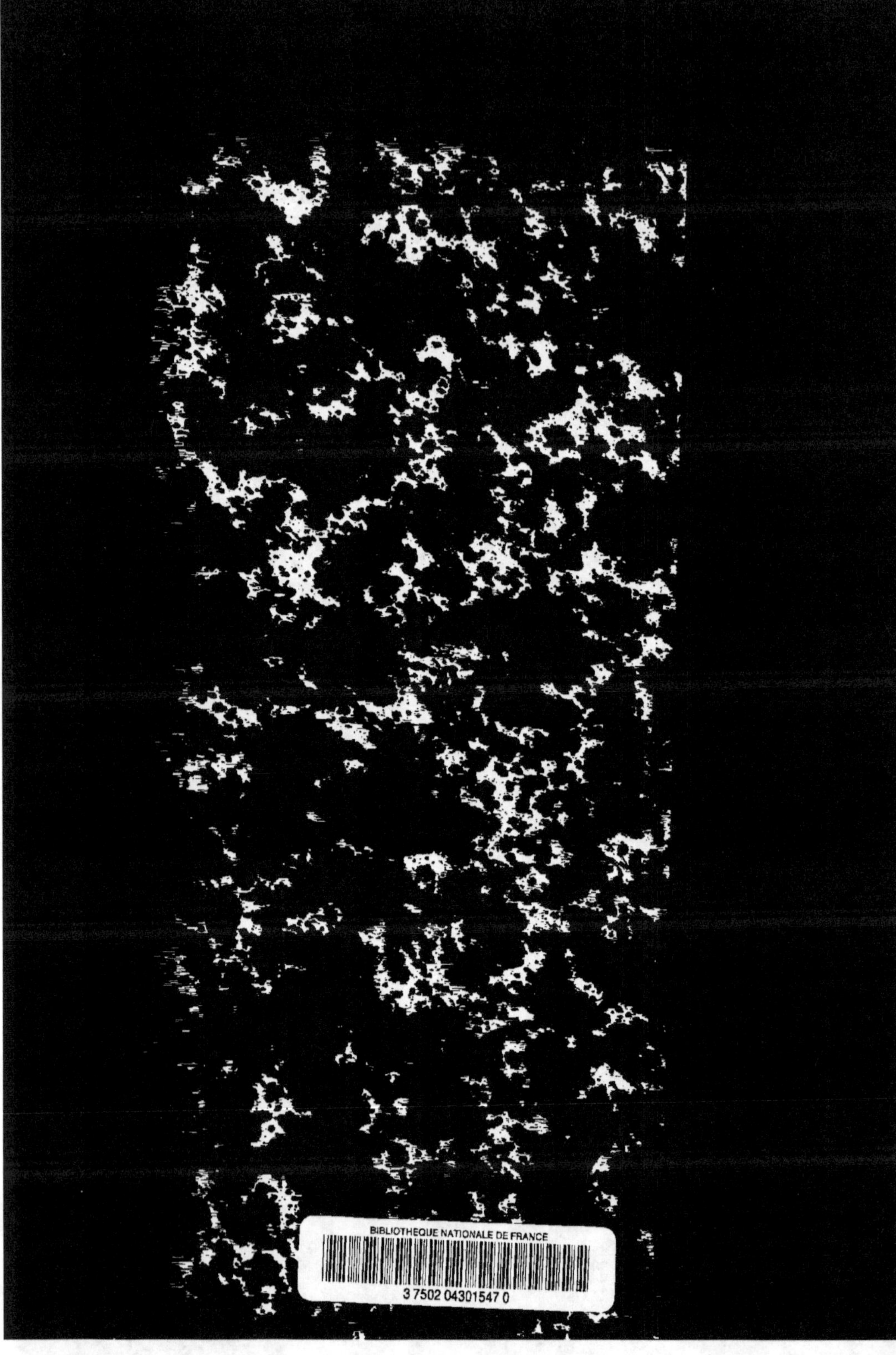